U0042466

子彈溝通

平凡語言變武器，超級製作人的27則精準吸睛法

ありふれた言葉が武器になる

伝え方の法則

本橋亜士——著

楊正敏——譯

溝通，就應該是顆子彈
我是文案主理人／黃思齊

人與人之間的相互理解，是基於默契、大量溝通、還是約定俗成的文化？

在我看來，精準的溝通是理解的核心，一句話能說完的事情，就不要花一個小時；一個詞語能開展的震撼情緒，就不要絮絮叨叨的講到打瞌睡。資訊海嘯的時代來臨，人類在網路上瀏覽文章、觀看影片、發表意見等行為，每年產生超過 8.7 億噸的二氧化碳，所以產出沒有重點與吸引力的內容，就像製造垃圾一樣，已是需要盡量避免的污染行動。

我特別喜歡日本的綜藝節目，舉凡建築改造、美食對決，都像是精神時光屋般讓人捨不得轉台，作者本橋亞土以電視節目製作的經歷，從節奏、選題、字詞運用的不同面向，告訴大家如何在短時間內，持續不斷的抓住觀看者的注意力，並且進一步影響其情緒與留下印象。

因為書中基底知識來自電視節目的製播經驗，因此本書不像是傳統以「篇章」或者「短句」來說明的寫作技巧工具書，

而更適用於當代的 YouTube、Podcast、社群懶人包等段落更為明確的書寫需求，同時也能夠為習慣傳統長篇撰文的寫作者打開新的思路。我認為這是非常實用的思維，因為當代的創作論述雖然依舊適用於學術和競賽場合，卻少有人探究要如何拓展它的影響力，我認為若在活用各種技巧的前提下，再兼顧受眾的閱讀習慣，則能讓創作者將希望表達的理念以及自我的創作技巧傳遞給更多的人。

特別有趣的地方是，書中提到許多關於「符號」與「視覺段落」的運用方式，這也就是傳統寫作當中所討論的語言節奏感——節奏感對於剛入門的寫作者或是僅在工作中需要寫作的人來說，是相對難以理解與練習的部分，但是經由本書的點撥，讀者將可以兩相對照書中內容以及自身觀賞電視節目的經驗，更明確的開始感受節奏感對於商業寫作的重要。

整體而言，我會將這本書推薦給需要進行腳本、社群貼文等商業寫作的創作者，也會推薦給對於電視節目製播有興趣的行銷相關人員閱讀，以輕巧與節奏精準的文字，打出一記漂亮有趣的妙語連珠。

降低「動腦成本」，才能有效溝通
企業行銷顧問／武敬凱

有 9 成以上的人，在溝通的時候都慣性「不動腦」，最常見的狀況是，自以為對方也理解你在講的是什麼「概念」。舉例來說，情侶吵架的時候，女方可能會說：「你為什麼對我這麼不好。」所謂的「不好」，就是一個「概念」，而這個「概念」一旦沒解釋清楚，男生就很可能會這麼回嗆：「我只是誤以為都這麼晚了，妳應該是吃過晚餐了，所以只買了自己的份，怎麼就對妳不好了？我每天接送妳上、下班，難道還不好嗎？」

事實上，兩方在溝通上都出了大錯，男方並沒釐清女方想表達的「概念」，確切是指什麼意思，就擅自動了情緒，而女方也沒想清楚這個「概念」，有沒有可能讓對方產生「誤解」。女方可能想表達的不是「不好」，而是「不夠好」，她認為男方可以再貼心一點，「主動詢問」女友「吃飽了沒」。

而作者提及了非常多在商業場景中常見的「概念」，你不應該把這本書當成一本「教科書」，而是一本當你面對溝通問題時，可以隨時翻開來查閱，並立即解決問題的「隨身筆記

本」，而這本「筆記本」，總結了作者在過往，面臨各種行銷及商業場景上的「套路」，以條列的方式呈現，任誰都讀得懂。

所謂「好的溝通」，是試圖站在閱聽者的角度，降低對方在接收資訊時，所需要支付的「動腦成本」，只有當「說出去的話」和「被接受的資訊」，能盡可能的達成「質量守恆」，這才能算上一次有效的溝通。

事實上，當你在閱讀作者筆下的文字時，等同於在學習文案寫作技巧，這也是我一直以來推崇的技巧 ——「口語化」。寫「作文」和寫「行銷文案」的最大差別在於，並不是你能在談吐中引出多少據典、講出多少名言，你就能在考場上拿高分，而是在閱聽者能夠理解的前提下，進行閱聽者認知範圍內的表述。大部分的人在寫內容時，會用「書寫」的邏輯去堆砌文字，但事實上，在人面對面的溝通裡，我們並沒有這麼多反應時間，能去包裝一則對話訊息，而包裝的下場，往往是讓一段原本好懂的內容，看上去高大上，聽上

去卻難以理解。而這本書的文字,是用「口語」邏輯書寫,而非「書寫」邏輯書寫的。作者像是將自己和學生的對話內容,以文字作為載體給記錄下來,所以非常好理解,誰都看得懂、學得著。

愛操心的主管傳 Line 來關切明天要交的資料。

「那個資料,弄得怎麼樣了啊?」

在家工作的我,這樣回答。

「處理中,請放心。」

沒過幾分鐘,主管就打電話來確認了:「真的沒問題嗎?」

你正忙得不可開交,寶貴的 15 分鐘就這樣被主管浪費了。

你也有這樣的經驗嗎?

看吧!問題就在這裡。

「處理中，請放心。」

這樣的回覆，只要加一個詞，主管打電話來「關切」的機率就能瞬間下降，是哪個詞呢？

「現在」

請比較這兩句話：

「處理中，請放心。」
「現在正在處理中，請放心。」

只是加上「現在」兩個字，強大的臨場感就出來了。主管聽了這句話以後，「現在他很認真的在處理啊！」頓時感到安心，產生「千萬不能打擾」的心理。打電話來追問的可能性瞬間下降。

像這樣，在溝通的方法上下點工夫，事情的結果就會有戲劇性的改變。

為什麼你覺得對話要長才能說得清楚？
結果經常被人家反問「你想說的重點在哪？」
與人談話時，對方總是看起來覺得很無聊？

每天都在 IG、臉書發文，但按讚、追蹤人數都沒有增加？
推廣業務、與他人協商都得不到理想成果？

《子彈溝通》這本書是為了解決以上問題的溝通術。這世上
沒有會講話、有說服力、有品味又有傑出才華，天生什麼都
會的人。會不會溝通的差別只在於有沒有用對方法，同一則
故事採用不同的敘事方式，擊中對方的精準度會非常不同。

本書教你：

▶ **只要在關鍵位置加上「那句話」，你的話就能變得強而有力。**

▶ **只要用某些字詞，就能讓對方秒懂，印象深刻、銘記在心。**

▶ **只要改變用字遣詞的排列組合，談判成功率倍增！**

這本書裡的技巧，都是源自於我長年在電視節目製作工作所
學到的訣竅。像是前面提到加入「現在」的手法，是生活消
費情報節目為了表現臨場感時使用的詞。如果看節目時留意

旁白和特效字幕，應該會注意到「現在」這兩個字比想像中還常用到。

我們平常用來打發時間的電視節目，是一個個片段剪接而成，背後全都有目的。電視節目為了讓效果極大化，透過工作人員精密設計和剪輯出來，當然內容的製作也有固定的模式。

很多人一定有這樣的經驗，一開始打定主意「只看 5 分鐘」電視，最後整個節目全都看完。這個行為的背後，有許許多多不讓觀眾轉台，自然而然的把想傳達的資訊，精準植入觀眾腦袋裡的機關算計。你以為是自己選節目看，但其實常常是電視「讓你看」這個節目，而且「你不會有感覺」。

電視產業裡，的確有所謂的「溝通配方」。製作作品的導演，遵循這個模式，不斷的製作出「說服力強大」的節目。這些技巧有多厲害，你可以從節目播出後，節目裡介紹的店會大排長龍、商品賣到缺貨看出來。

溝通時你告訴對方的話，就跟節目製作的訣竅是一樣的。依

照本書介紹的子彈溝通配方，時不時有策略的運用，在交談或是簡報時可以「讓對方不會覺得煩」，就能確實的把想說的事，刻在對方的腦海中。

為了接下來的內容，讓我簡單的做個自我介紹。我大學畢業後，進入電視節目製作公司，一腳踏進電視圈。從日本富士電視台綜藝節目的 AD（助理導播）開始，一直做到導播和製作人。行腳節目、綜藝節目、生活消費資訊節目等，我參與製作過各式各樣的節目。有些一直到最近還在播出，像是《國王的早午餐》（王樣のブランチ，TBS）、日本電視台的《超人氣法律諮詢事務所》（行列のできる法律相談所）、《嵐的大挑戰》（嵐にしやがれ）、《閒聊 007》（しゃべく 007）、《改變人生的 1 分鐘深刻佳話》（人生が わる一分間の深イイ話）、《學長姐的課外教學》（課外授業ようこそ先輩，NHK）等。三十八歲時我獨立創業，成立「Spin Hoist 股份有限公司」，現在除了電視節目，還以子彈溝通配方製作讓企業起死回生的宣傳影片。林林總總，已經累積 20 年以上的電視節目製作經歷了。

剛開始當導播時，我很不會做 VTR（在電視節目裡播放的影片），「再這樣下去就會被開除！」這個想法讓我極度焦慮，只好從頭開始，錄下黃金時段的節目，徹底分析並且做成筆記。如此分析後，我發現電視節目其實就是幾個固定模式的組合。

這些模式在電視悠久的歷史，激烈的收視率競爭折磨下，依然持續至今，電視圈靠的都是「口耳相傳」，也就是老師傅用講的告訴你心法，沒有任何的教學手冊或說明書。而我透過這本書，將日本各電視台節目製作現場不外傳的溝通配方，寫成文字，系統化的與各位分享。

當初投身電視這一行，我大半時間都睡在富士電視台 13 樓的床上，拿外景不用的床墊鋪上就睡。受不了這種克難生活，離開第一線的人多不勝數。咬牙忍受艱苦的 AD 生活，挺過新人導播時代的壓力，然而現在只要讀這本書，不需要像我一樣從頭摸索，也能學會這一切。

子彈溝通的方法，不只可以用在電視製作領域，也能廣泛地

用在工作與生活上，為以下的各種情境創造出更好的收穫：

說明會、發表簡報、交涉協商都上手。
多人參加的線上會議中，絕不會一片「死寂」。
隨便小聊一下的場合，也能讓對方對你的話印象深刻。
面試時給面試官留下好印象，求職手到擒來。
社群媒體按讚數、追蹤數增加。
拍賣網站上，你的商品可以更快、更高價賣出。

請各位暫時把自己當成菜鳥導播，跟著這本書學習各種節目編排和剪輯的訣竅，書中的案例與配方，經過吸收與實際運用，就能轉化成你的「原創」，一定可以在你的日常生活中派上用場。

那就讓我們一起開始吧！三、二、一，開麥拉！

2021 年 3 月　　　　本橋 亞土

推薦 ───────────────────────── 3

溝通，就應該是顆子彈 我是文案主理人 / 黃思齊

降低「動腦成本」，才能有效溝通 企業行銷顧問 / 武敬凱

序言 ───────────────────────── 8

第 0 章　「子彈溝通」就是最強的溝通技巧

掌握配方，任何人都可以說好一個簡單的故事 ──── 25

收視率殘酷淬鍊成的電視溝通術 ──────────── 27

第 1 章　會說話的人，不會讓對方思考

為什麼 YouTube 影片都很短？ ──────────── 30

短還能更短！凸顯重點的編排方式 ──────────── 32

　‧配方 1：用「提示」與「揭曉」加深印象

溝通時，讓對方覺得累就輸了 ───────────── 37

大白話才是最強的武器 ─────────────── 39

第 2 章　站在聽者立場，讓你破題就吸睛

最初的 1 分鐘決勝負 ———————————————— 43

用「好處」開場，觀眾不轉台！ ———————————— 44
・配方 2：用「冷開場」營造期待感

讓對方跟你「同一國」的破題法 ———————————— 50
・配方 3：加上問題，創造觀眾的「同理心」

「好酒沈甕底」是說話者的一廂情願 ———————————— 55
・配方 4：最厲害的先上

第 3 章　深入聽者潛意識，畫好重點忘不掉

在表達的同時，整理對方的思緒 ———————————— 59
・配方 5：開一扇「門」，幫對方畫重點

不必動腦，就能想像具體成果 ———————————— 63
・配方 6：用主旨和焦點，在對方腦中描繪優點

替平凡無奇的話題，憑空創造焦點 ———————————— 69
・配方 7：用排行榜創造吸引力

既能反覆強調，又不引起反感 ———————————— 73
・配方 8：同樣主題，用「多元觀點」切入介紹

報告或社群媒體中，讓對方快速吸收資訊 ——————— 78
・配方 9：用符號創造視覺「段落」

第4章 找不到梗？讓缺點變優點的「反差法」

「好東西」是比較出來的 ———————— 85

用兩個字就能引起注意力 ———————— 88

・配方 10：用「密技」包裝

改變切入角，幫平凡事物創造吸引力 ———————— 92

・配方 11：換個說法，缺點變優點！

即使優點只有一個，也能放大吸引力 ———————— 98

・配方 12：只有一個「超推」的理由

轉不下去時，用「基本功能」突破瓶頸 ———————— 100

・配方 13：使用「理所當然」的特色

產品難以介紹，就改說故事吧 ———————— 103

・配方 14：人的故事，比物品更令人印象深刻

用「反差」打動人心 ———————— 108

・配方 15：「甜」

效果出眾的味覺形容詞 ———————— 111

主動提供對照組，創造對比 ———————— 113

・配方 16：「比較尺」，凸顯反差的最佳工具

加上連接詞，擴大反差效果 ———————— 118

・配方 17：用「轉折」讓文字更有力

第5章 幫內容「加油添醋」，說服力倍增

不要小看「一句話」的重要性！——————— 123

讓文字強而有力的終極用詞 ——————— 124

・配方 18：用「現在」表現臨場感

在眾多競爭產品中，突圍而出的演出法——— 127

・配方 19：用「頭銜」鍍金

・配方 20：沒有頭銜，就用「最受矚目」突圍

吸引對方傾聽的「限定感」——————— 132

・配方 21：「只有一個」讓人捨不得錯過

「加料」讓人感到「這個話題有價值！」——— 135

・配方 22：加一點「背景資訊」

將畫面植入對方腦中 ——————————— 139

・配方 23：用「數據資料」具象化背景資訊

加深圖表效果的秘訣 ——————————— 144

・配方 24：圖表，越普通越好

用了以後，「超可惜」的表達案例 ——————— 147

・配方 25：拿掉不必要的「等級」

讓「等級」站在你這邊的妙招 ——————— 151

・配方 26：加上「等級」，反而加分

你下意識也在用！造成語言軟弱無力的習慣——— 153

・配方 27：徹底刪除贅詞

第 **0** 章

「子彈溝通」就是
最強的溝通技巧

朋友拜託我在部落格介紹他新開幕的咖啡店。

我到店裡看了一下，裝潢普通、咖啡和蛋糕也很一般。大概為了省房租，地點很難找，只有我一個客人，店裡一片死寂……。

請想出「一句話」來介紹這家店的魅力。

你覺得這個問題如何？其實上述情境有一半是真的。

電視節目常常需要介紹新的、或有話題性的店，然而這些不一定都是名店。實際到現場一看，腦子裡浮現「這間店超普通⋯⋯」的案例多不勝數。回想起來，我發現「這間店，該怎麼介紹比較好」、「怎樣才能做出吸引人的 VTR」等讓人想破頭的占比相當的高。但是做出一支「這裡不是什麼了不起的店」的 VTR，你覺得會發生什麼事呢？

請想像自己是電視導播。

「你這傢伙，為什麼做出這樣的 VTR ！」被惹怒的公司製作人，直接叫你來痛批「我要找別的導播⋯⋯」。套句職棒術語，你接到「戰力外通告」了，就是請你另謀高就。這種事在電視業界稱做「被電視台 NG」，做不到而被排除在外的導播，下場就是回家吃自己。

被電視台 NG 趕出去的菜鳥導播，馬上就會面臨斷炊危機。

為了自己與家人的生活，導播拚了命也要把這家店當成「最厲害的店」在電視上播出。但在節目上公然說謊，會面臨到比失業還可怕的下場。也是有節目因為在 VTR 裡誇大不實，而受到大眾猛烈抨擊，屆時可不是換掉導播就能平息眾怒，以後恐怕沒有電視台敢用你。

那麼，左右為難的菜鳥導播該怎麼辦呢？在這裡我先揭曉問題的答案。

答案

隱藏版
的店

掌握配方，任何人都可以說好一個簡單的故事

「隱藏版的 XX 店」，電視上的生活消費資訊節目常聽到這個說法。咖啡或蛋糕的味道、店內的設計裝潢沒有過人之處的話，換個觀察的角度，「地點很難找，沒什麼客人」的缺點或許從另一個角度來看是優點也說不定。「隱藏版」的表現方式，不需使用誇張到與事實不符的形容，也能傳達出平凡店家的魅力，電視導播就是用這樣的技巧達到資訊報導的目的。

雖然電視長久以來被稱為「傳統媒體」，但歷史說起來並不長。具體來說，電視 70 年的歷史裡，始終在為收視率競爭。節目的製作上，不論是為了留住眾多觀眾，還是只為了讓一位觀眾不要轉台，都經過激烈廝殺。

在彼此互不相讓的競爭中，發現各式各樣捕捉觀眾眼球的方法，這本書就是介紹這些不僅在電視節目中使用、也能在日常生活中使用的「子彈溝通配方」，而且人人都可以輕鬆學會。為什麼呢？因為本書介紹的內容，經常能在電視上看到，都是你已經熟悉的技巧與表現方法。只要照著做：

➧ **能清楚傳達想要溝通的事情！**

➧ **商品大賣！**

➧ **面試時可以強而有力的表達想法，順利錄取！**

在看這本書時，你一定會有「這就是電視上常常看到的片段！」、「這個在某些節目中很常出現嘛！」等感覺，將已經知道的知識內化成自身的能力，比學習第一次聽說的知識簡單多了，馬上就可以有樣學樣，派上用場。所以「馬上就用在今天的會議上！」、「明天到學校試試！」、「就從平時推廣業務的話術開始改變吧！」把這些配方變成自己的能力，現在就來試試看。

收視率殘酷淬鍊成的電視溝通術

我在寫這本書時正是新冠肺炎（Covid-19）大流行，在家遠距工作、減少外出等，面對面的溝通轉成線上，從開會討論、簡報、接待客戶、面試，甚至是喝酒聚會都在線上進行。從實體的面對面交流，到線上溝通，不一樣的是：

只有一個畫面

疫情發生後，我常常聽到這樣的煩惱，許多上班族陷入「溝通變得很難」的超級恐慌中，尤其是與會者眾多的會議，不知道對方到底有沒有好好的聽到自己說的話、不知道該怎麼做才能吸引與會者的目光、也很難掌握說話時語調的抑揚頓挫。

實際上，有一個世界早就克服了這些困擾，就是電視產業。節目的資訊，從以前到現在都能突破遠距的限制，藉由畫面傳達大量的資訊，打動觀眾，最後轉化成消費行為。節目為了爭奪收視率，70 年來不斷在廝殺中精進自己的「線上溝通術」，做節目的導播與製作人可說是線上傳達資訊的專家。這些溝通技巧，在真實情境中也能派上用場。既然可以在線

上發揮效力，面對面溝通時效果更為出色，常常能創造意想不到的成效。

前言到此為止，馬上進入正題吧！

第 1 章

會說話的人，
不會讓對方思考

為什麼 YouTube 影片都很短？

你喜歡看 YouTube 嗎？

很多人會回答「喜歡」。最近常常聽到「現在開始是 YouTube 的時代，電視已經過氣了」這樣的說法，身為電視圈的一員，心裡真是百味雜陳。話說回來，我自己也喜歡看 YouTube，看著智慧型手機上一個接著一個推薦的影片，不知不覺就忘了時間。但有個問題想請問讀者：

YouTube 影片和電視節目，哪一個比較長？

一般而言 YouTube 的影片比較短，最短的只有幾十秒，長的也不過 30 分鐘左右。電視節目動輒 30 分鐘或 1、2 個小時，比 YouTube 影片長多了。為什麼有這樣的差別？因為 YouTube 是個人創作者自己包辦拍攝到剪接的所有工作，時間有限所致。但我認為，除了一個人很難做出長時間的影片以外，還有一個決定性的歧異之處，那就是：

有沒有「編排」和「表現」

這裡所說的「編排」，是傳達事物的結構；「表現」則是指呈現事物魅力的技術。有沒有編排和表現不只是技巧上的不同，更是 YouTube 影片和電視節目的關鍵差異。只要能了解其中的差異，就有助於理解本書所介紹「子彈溝通」的意義和效果。

在這裡我們就以電視節目製作時，實際使用的「編排」和「表現」的技術為例，解開這個祕密吧！

短還能更短！凸顯重點的編排方式

在這裡要告訴各位的是，製作電視節目時最重要，也最常用的技術。請看下面兩段文字，A、B 兩句話都在說同一件事，使用的字詞也差不多，但是 B 加入一個重點，就變成一句令人印象深刻的話：

A. 因為董事長「全體員工加薪一成」的決策，公司大幅成長。

B. 因為董事長的決策，公司大幅成長。那就是：
「 全體員工加薪一成」。

B 文運用了電視節目常用的，「提示」和「揭曉」的基本結構。比起 A 強調「加薪一成」，B 給人更為活潑的印象。「提示」和「揭曉」是節目編排非常重要的元素。要讓觀眾不會轉台，產生「在意接下來的發展！」的想法，靠的就是這兩個不可或缺的元素。

配方 ① 用「提示」與「揭曉」加深印象

「提示」和「揭曉」具體來說是什麼？我們用剛剛的例句作為範例。

【提示】

因為董事長的決策，公司大幅成長。這個決策就是：

【揭曉】

「全體員工加薪一成」。

這段文字強調的是「全體員工加薪一成」。「揭曉」的內容要放在整個文章中最需要被強調的位置。在此之前的「提示」與「提示詞」（例句裡的「那就是」）是一個套組，用以說明「揭曉」的字句。

在想要強調的話之前配上「那就是！」、「那就在！」的舖陳詞說明，就是「提示」和「揭曉」的結構。

代表性的提示詞包括：「那就是！」、「那就在！」、「就這樣！」、「此外！」等。這些提示詞全都是常見、耳熟能詳的字眼，很多人對電視節目的表現手法瞭若指掌，一聽到「那就是！」的舖陳詞，就會立即反應：

啊！重點來了！

讓觀眾不知不覺中，或是有意識的注意到電視節目的內容。

舉例來說，邊洗碗邊看電視的觀眾，在看到畫面出現提示詞「那就是！」的瞬間，手就會不由自主停下來，把目光移到電視螢幕上。即使正在滑手機，一聽到電視旁白說「那就是！」的時候，手會停下來，看著電視畫面。導播最想用電視傳遞的重要訊息「揭曉」後，觀眾恍然大悟「原來如此」，回去繼續洗碗和滑手機了。

觀眾不會累的電視節目編排法

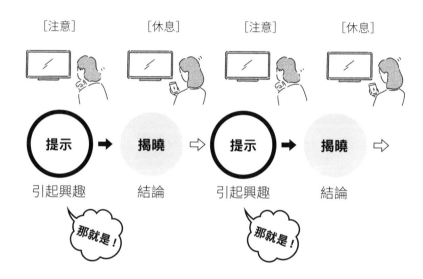

「提示」用來表達「這裡很重要喔！」，結合有跡可循的畫面吸引目光，「揭曉」後讓觀眾鬆口氣；再一次用「提示」吸引，……。

反覆使用這個模式，伴隨著適度的空檔，在關鍵的資訊出現時，可以確實的吸引觀眾的注意。如此一來，觀眾即使不專心，也能知道電視節目內容大概在講什麼。現在就可以說明，

YouTube 影片長度較短的原因：因為長時間看 YouTube 影片很累。

不覺得一直看電視不像看 YouTube 那麼容易累嗎？其中一個原因就是有沒有使用「提示」和「揭曉」。

「提示」和「揭曉」的用法

STEP
―1―
選擇想強調的重點，作為「揭曉」的內容

STEP
―2―
用「提示」來鋪陳，引導出「揭曉」

STEP
―3―
選擇合適的「提示詞」

YouTube 影片大多沒有相似的結構，所以沒有起伏。如果沒有注意看，會跟不上對白，就會錯過重要的內容，觀眾必須自己一邊思考一邊找重點，也就不能放鬆，所以長時間看下來會很累。因為這樣的經驗法則，觀眾不知不覺中變成選短的影片來看，結果影片也跟著變短了。

溝通時，讓對方覺得累就輸了

把資訊傳達給對方，而且要確實的留下印象，一定要遵守以下的鐵律：

不要讓對方覺得累。
不要讓對方思考。

不管對方是生意往來的客戶、找工作時的面試官，還是夫妻之間都是，在各式各樣的溝通、協商等場合，「聽話的一方」通常都比說話的一方更不專心。所以在溝通時，要抱著以下的心理準備：

對方比預期中的更不想聽你說話

遺憾的是，現實就是如此殘酷。換個角度想，我們可以這麼說：「讓不想聽你說話的人，願意聽你說」正是溝通術的精髓。相同的說詞，根據對方的狀態、喜好，是不是正在忙，溝通狀態良好與否，都會大大影響對談話內容的印象。也就是說，資訊傳達的方法會左右與對方溝通的效果。如果受眾沒有聽進去，就不算是溝通，但總不能每次都是等到最適合與對方

溝通的時機才開口吧？在這樣的情形下，「由說話的這一方提供良好的溝通」就是最好的方法了。

開口時，絕不能讓對方感到疑惑：「你想說的重點是什麼？」，因為產生疑問是很花心力的「思考行為」，一旦讓對方耗費心神就輸了。本來就沒有很想聽你說話，還要額外花力氣去動腦，思考多餘的事情，注意力就會被打斷，更何況根本一開始就不在意你說的話。

不要讓對方覺得累。

不要讓對方思考。

這是溝通最重要的前提，請一定要謹記。

大白話才是最強的武器

「容易理解的編排、表現」對觀眾而言，是一點都不勉強就能接受的組合。事實上，用容易理解的編排方式製作出的電視節目，不會帶給觀眾壓力，任何人都能輕而易舉的了解節目內容，會帶給觀眾「有趣到不知不覺間就演完了」、「下星期想再看」的印象，一躍成為人氣節目。

相反的，讓觀眾覺得累，內容艱澀難懂的節目，觀眾馬上就轉台了。持續下去就會導致「收視率一蹶不振→節目下檔→大砍導播薪水」這種最壞的惡性循環。為了不要走到這一步，各節目的導播，賭上自己的生活，拚命讓觀眾不要轉台。箇中奧妙就是，以觀眾不會累的方式傳達訊息。為了達到這樣的目的，傳達訊息時最重要的就是：

用平凡無奇的字詞表達

看看周圍，有沒有人是這樣說話的？

1. 因為會有 priority（優先考量），所以 discussion（討論）比較好！
2. Knowledge（知識）共享才能產生 best practice（最佳典範）。

最近講話中英夾雜，用「晶晶體」的人愈來愈多了。雖然可能是想表現自己的英文能力，但從「如何順暢表達」的觀點來看，不得不說只有零分。前面提到「那就是！」、「就這樣！」的提示詞，聽習慣的字眼才會產生傳達的效果。不只是提示詞，對話中只要出現平常很少聽到的字詞，腦袋就會浮現大大的問號「是在說什麼？」。這個瞬間，願意聽對方說什麼的心情馬上消失殆盡。想讓對方認真聆聽自己的意見，就該用這樣的表達方式：

1. 因為要考量優先順序，所以先討論比較好！

2. 知識共享才是最有效率的做法。

這樣清楚多了。用平時講話時會使用的字詞表達，使用任何人都可以理解的「大白話」傳達事情非常重要。換言之，不用為了增強語彙能力而用功、鑽研語感，只要記得「型式」，任何人都可以活用。

講到這裡，已闡述了本書的核心理論。因為與生存息息相關，電視導播拚命不斷的磨鍊技術。正因如此，我認為製作電視節目的訣竅歸根究柢就是「精準溝通」。當然，電視圈使用的溝通技巧，不只剛剛介紹的「提示」和「揭曉」，這些技巧不只可以用在製作節目，從日常會話、談生意、解說、簡報、線上會議等面對面的情境，到社群媒體、部落格或網路商店的商品介紹等文章，都可以實際派上用場。請務必活用本書介紹的「溝通配方」，把想說的話轉化成強而有力的語言，刻在對方的腦海裡。

第 **2** 章

站在聽者立場，讓 你破題就吸睛

最初的 1 分鐘決勝負

任何事的第一次體驗最令人感動，每天的溝通也是一樣。

希望對方好好的聽你說話，或是從頭到尾讀完你寫的文章。

在開始的 1 分鐘就決定了

對方會不會認為「這件事好像很有趣」、「這件事好像很有用」的關鍵在於，一開始是否被你「抓住」。

電視節目也是一樣的道理。你一定有這樣的經驗，晚上七點或九點，是很多電視節目開始的時段，手指連續按著遙控器的選台鍵，一邊在各頻道間遊走，一邊找想看的節目。開場要是沒有抓住觀眾的心，下一秒就轉到別台了。若是多數人都有同樣的行為，就會影響收視率。

電視導播最了解這種恐懼。所以，電視節目製播時使用各式各樣的技巧，就是為了在一瞬間抓住觀眾的心。第 2 章將會介紹其中最適合使用在日常生活中的三個技巧。

用好處開場，觀眾不轉台！

「希望能好好的聽我說！」

向主管提出新的企畫案，希望客戶採購新產品，還有想讓太太同意買新車……，這些都是我們在日常生活中「想要對方聽進自己說的話」的場景。話雖如此，現在這個時代，每個人都很忙碌，願意好好聽你說話的人可不多。即使花了心思，順利展開話題，也沒人認真在聽。

不少關於溝通的書常會寫到「從結論開始說」，即使一開始講結論，對方的反應還是「嗯……」，然後話題就結束了。特別是線上開會或討論時，這種不是面對面、又有多數人參與的場合，更需要格外注意。用電視台的現場來比喻，「沒人在聽你講話」等於「轉台」。接下來要介紹的就是預防觀眾轉台，電視製作人在背後所下的工夫。

配方 ② 用「冷開場」營造期待感

「冷開場」是很奇怪的詞，這個用語在電視節目製作的現場

很常用。「真是奇怪的用語啊」，我剛進電視圈的時候，也常有這種感覺。(法文原文為 avant，日本影視節目稱此手法為 avant title，即是指在片頭片名之前的今日節目內容的精華片段介紹，英文亦做 cold open，冷開場，此處採英文翻譯)

我寫這本書的時候，第一次查了這個字的來源，才發現原來是法文「在……之前」的意思，是在片頭前的精華片段。觀賞生活資訊性節目，你一定看過，配上氣勢十足的配樂和旁白：

本周的「XX 節目」將一口氣介紹自由之丘最新的甜點，以及超人氣的 IG 打卡景點。

我們在這裡看到的是，

「好厲害！」(節目來賓的驚呼)
桌子上放著用「絕品甜點」字幕遮住的甜點。

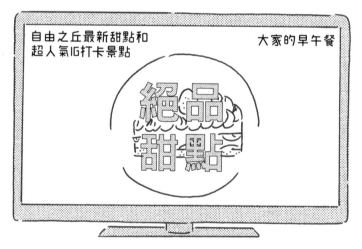

簡而言之，在節目一開始就告訴觀眾「這裡不能錯過！」、「有不轉台的價值！」等所謂「節目的吸引力」。再怎樣有趣的人氣節目，也不會編排成讓人從頭看到尾的架構。其中有銜接節目亮點的「橋段」，在此之前的「說明段落」等，也有讓觀眾可以轉台的「遙控器搜尋」時間。

片頭的「冷開場」提前預告節目中最精彩的片段，觀眾會有「看下去的話，能知道難得的資訊，而且能看到特別來賓大吃一驚的原因」的預期心理，就不會按下遙控器轉台。雖然如此，也不是單純播出節目的精華片段就有效果，而是要明確的點出：

現在開始要講的內容，其中就是有這麼有趣的「好康」。

也就是說，要明確的秀出對觀眾（聽眾）的好處。到這裡，開始設計對方聽你說話的狀態，並切入主題維持對方的注意力，溝通的方式就會有顯著的提升。例如在學校或公司裡，邀你心儀的人一起吃午餐，不要說「今天要不要一起吃午

餐？」，而是用這句話邀請：

「今天要不要一起去某某節目介紹的餐廳吃飯？」

第一句話的邀請方式，會讓對方開始衡量「要跟這個人一起吃飯嗎？還是不要？」，也就是思考「這樣的提議對我有什麼好處？」，但第二句話的邀請方式，清楚的帶出可以得到好處，也就是可以吃到美味料理，大幅提高一起去吃飯的可能性。

提出工作上的企畫案也是一樣的道理。「今天的提出的企畫案，是以三十歲的女性為目標客群……」等周邊的訊息，只會讓聽眾的腦裡浮現黑人問號，不知道這些資訊是否值得一聽，這就是對方開始思考了。因此，你要這樣說：

> 「這次我要提出『顧客不用花一毛錢，就可以得到
> 5,000 元的企畫』！」

拋出誘使對方感到興趣的甜頭，「是什麼企劃？」聽話的意
願馬上為之一變，再開始說明細節。只要這麼做，即使本來
不起眼的訊息，對方也一定會打開耳朵傾聽。

人會動之以利，看到好處才會開始行動。談話時也是如此，
這個事情聽了好像有什麼好處，就會對事情的全貌有所期待。
這個技巧無論在工作上，或是私領域，甚至是談判、提案或
解說等場合都可以發揮作用，請一定要牢記在心。

讓對方跟你同一國的破題法

電視節目中，特別是 VTR 的一開始常出現街頭訪問，叫住在大馬路上或商店街裡正在散步的「不起眼」歐吉桑、歐巴桑，講出你心裡正在想的話。為什麼電視節目中值得播出，經過嚴密查訪的情報，不是來自專家來分析，而是找路人甲來品頭論足？實際上，這背後是有學問的，為了讓觀眾產生「同理心」。

「老公惹人厭的行為」、「最近自己對政治的感想」等等，如果與觀眾持相同的看法，即使是內容空洞的無聊意見，觀眾還是會產生共鳴：「就是這樣，講得真好！」就能一瞬間把對方拉進你接下來要講的內容中。

配方 ③ 加上問題，創造觀眾的「同理心」

獲得同理心，是溝通術的金科玉律，會大大影響願意聆聽的意願。一旦打動對方的感情，聽你說話的注意力就會提升，所以一定要及早規劃出動之以情的機關，一開始就放入能夠「獲得同理心」的結構。

在簡報或協商的開始、文章的第一段，放入與接下來的主題有關的普通問題，就能收到很好的效果。重點在「普通」這兩個字，問題的目的是為了取得聽者的同理心，是要讓對方如你所想，回答出「對耶」、「就是這樣」等答案的問題。一開始獲得二到三個同理的回答，就可以進入主題了。對聽眾而言，不經意的隨口聊聊，馬上會變成

「講者」與「聽者」對共同的話題，持相同的看法。

於是對方就進入「要好好來聽你的意見」的狀態了。例如你想要說服公司，換新的多功能事務機：

「最近，這台機器是不是一直卡紙啊？」

「好像偏偏就在急著要印東西時出狀況？」

「是不是還讓人來不及準備會議資料，超火大？」

你會發現用問題作為協商的切入點，可以增加提議被採納的可能性，因為對方跟你有相同的經驗。

此外，想在美食論壇裡寫下選餐廳的失敗經驗談時，寫出來的內容多半會給人「只是自己沒有仔細確認才造成」的印象，沒人有耐心看到最後。但如果你的文章是這樣破題的話：

> 「Google 評價 3.5 以上的餐廳，一吃之下超普通，你有這樣的經驗嗎？」
> 「你吃過照片上看起來鬆軟可口，味道卻超普通的吐司嗎？」

讀者中一定有人對你的失敗經驗，感到心有戚戚焉，因而把文章從頭到尾看完。電視購物頻道也經常運用這個結構，以此製作節目。

① 用街頭訪問帶出痛點。

② 觀眾認同受訪意見，產生同理心

③ 獲得觀眾認同後，切入主題

你一定在電視上看過插圖中出現的街訪畫面吧？電視購物頻道會用煽動性的內容結構，刺激觀眾的感情，讓觀眾願意掏錢購買商品。請在簡報或是交易談判時，參考這個手法。

好酒沉甕底是說話者的一廂情願

「這是特別的梗,要留著壓軸!」

從隨口寒暄到洽談生意、簡報,我們常在溝通的場合中這麼想:「演講一定要有好的結尾」或是「想在簡報最後帶來震撼」等等,甚至還有人覺得這是溝通的準則。但我可以斷言,因為「捨不得」,所以把關鍵內容放到最後才說,反而會讓你錯過先機。

我們在電影或小說中,可能很習慣看到在故事的結尾來個大翻盤。但是,電影或是小說為了讓觀眾、讀者可以保持注意力,故事情節、拍攝、音樂和演員的演技,都經過嚴謹的計畫,所以可以把伏筆埋在結尾。但是在現實中,

要讓聽者專心到最後一刻,比登天還難。

直接了當的說就是不可能。

舉例來說,到了簡報後段,聽眾不夠專心而開始神遊,想著其他的事情變成「隱形離場者」的機率相當高。尤其是在家參加線上會議,中途偷偷打開電視、用手機上網、發 Line 訊息,隨著時間過去,聽講的品質會愈來愈差。

重要的資訊放到愈後面講，衝擊愈薄弱。

那該怎麼做呢？
答案很簡單。

配方 ④ 最厲害的先上

無論如何，厲害的、讓人印象深刻、有震撼力的招式，一開始就要用出來。

電視的帶狀節目（每天或每週固定播出的長期節目），如果在出外景時，突然出現「很好拍」的精彩內容，就會依照這個原則調整。原本預計在一個月後播出，會特別更改播出日期，儘量讓這一段早點排進播出時間表中。當然，製作節目的現場會開始變得很緊張，但是電視節目的任務，不就是要播比較有趣，而且有用的資訊嗎？所以當然要盡早執行。

有用的資訊、重點，當然想最快知道！如果自己站在「聽者
的立場」，也會這樣想吧？你要做的就是讓它發生。只要你
能意識到「聽者優先」，溝通的方法就會有 180 度的轉變。

第 3 章

深入聽者潛意識，畫好重點忘不掉

在表達的同時，整理對方的思緒

前面提到過，傳達資訊的「效率」會受到對方細微的感情、理解力和狀況影響，非常難以掌握。自己所說的話或文章要如何打動對方？會被好好的記住嗎？

如果每次都得順著對方的狀態調整，溝通起來很辛苦吧？有沒有可以把對方調整成「聽話」狀態的方法呢？在做節目時，我們的方法是：

配方 ⑤ 開一扇「門」，幫對方畫重點

電視圈有句話叫「開一扇門」。簡單來說就是「預先整理」資訊，讓對方很快進入狀況。

舉例來說，在中午播出的生活資訊節目中介紹「美味水煮蛋的作法」，這時導播不會只用執行步驟的順序來編排，雖是同樣的背景畫面和配樂，但他會在各段落的一開始放入以下的說明：

美味水煮蛋作法，重點一：【水煮的時間】

美味水煮蛋作法，重點二：【水煮前後的溫度控制】

加入各式各樣的「標題索引」並配上畫面，詳細說明每個步驟。接下來的「重點三」、「重點四」也都這樣說明。在觀看時，就會在腦中形成「做出美味水煮蛋的重點有四項」的認知，注意力不會跑掉，可以把這段節目看到最後。

不要從頭開始呆板的講下去，而是先用一扇「門」來區隔重點，就能把對方調整成「聽話的狀態」。以下我來比較有沒有「門」在溝通上的差別，以一位正在向消費者介紹吸塵器的業務員為例。首先是沒有開「門」平鋪直敘的說明：

這台全新氣旋式吸塵器，在不降低吸力下，減少 40%氣旋式吸塵器特有的噪音，具有正在申請專利的便利功能，能輕鬆清空集塵盒，時間縮短半分鐘。材質全新升級，重量只有過去的一半，使用起來更輕鬆省力。

顧客大概知道業務員想表達什麼，但說完這番話之後，客人記得新產品的特色嗎？大概很難吧。若是幫這段產品介紹開個「門」，則會變成這樣：

今天介紹這款全新的氣旋式吸塵器，它有舊款產品沒有的三項特色：

特色一：【噪音降低 40%】
吸力絲毫不減，成功抑制氣旋式吸塵器的噪音達 40%。

特色二：【清空集塵筒好簡單】
正申請專利的特殊設計，清空集塵筒的時間縮短一半。

特色三：【輕得讓人驚豔】
採用全新材質，重量是過去的一半。
三大特點加持，產品升級大變身，簡單又好用。

一樣的資訊開個「門」後，是不是更好理解、也更容易記住？
所以傳達訊息時，預先整理好再發出去，效率更好。

即使只是平舖直敘的列出事實，理解力、資訊處理能力好的
人，也能抓到訊息的重點。他們的腦中可以無意識的為這些
資訊裝上「門」，一邊整理，一邊吸收，但是這樣很花腦力。
每個人一定都有「聽人講話聽得好累」的經驗，是因為必須
在自己腦中整理聽到的訊息。大量訊息不容易在對方腦海中
留下印象，所以講者可以用「門」整理資訊後，再傳達給對
方，同時也與第1章的重點「不要讓對方用腦思考」相互呼
應，都能讓聽者感到更輕鬆。

「門」用得多也沒有關係，如果要傳遞的資訊量較大，即便
在一段訊息裡開五個門也不算多。這個技巧可以使用在日常
對話、報告、與客戶聯繫或會談，也可以用來寫文章。養成
常常思考「這段對話，我開了幾個門？」的習慣吧！只要多
下一點工夫，就能把想講的重點刻在對方的腦海中，溝通時
自然能站在更有利的立場。

不必動腦，就能想像具體成果

你在說明事情時，曾遇到對方說「很難懂」嗎？又或是講了一大段，對方什麼都沒說就回答「知道了」，事後才發現對方根本什麼都沒聽進去？

會遇到這種情況，是因為重點沒有被強調出來，當內容平舖直敘時，只要聽者不夠專心就很難記住對話的重點。以下要傳授的是避免這種窘境的法則。

配方 6 用「主旨」和「焦點」，在對方腦中描繪優點

電視節目是由「主旨」和「焦點」兩個元素構成，以前我在做生活資訊節目時，教我 VTR 導演的前輩曾一再指正，說我的影片「主旨」和「焦點」太淺，不容易留下深刻印象。到底這兩者之間的關係為何？

「主旨」就是你要傳遞訊息的大方向。例如，生活資訊節目上，要以「為春天的新生活加油特集」為題，介紹最新上市的家電用品，這時候「主旨」就是：

春季最新家電用品介紹。

若少了這句話，只有「為春天的新生活加油特集」，觀眾就找不到看這個節目的理由，接下來任憑內容再精彩，觀眾都有可能會轉台。但「主旨」只是用易懂的方式提示接下來的資訊，為了吸引觀眾對節目感到興趣，還需要製造出「焦點」。接下來，我們為先前的「春季最新家電用品介紹」這句話加上「焦點」吧！

春季最新家電用品介紹。
讓我們來看看家電達人推薦的最新產品便利度排行榜。

畫線的句子就是所謂的「焦點」，也成為你常看到的節目呈

現方式。「用家電達人的觀點，介紹簡單好用的商品。」這樣的架構不只簡單易懂，還能為資訊加分，提高觀眾的觀看動機。所以我們可將「焦點」視為：為了讓談話重點可以不知不覺被接受的「表現手法」。

不只電視節目，沒有「主旨」和「焦點」的資訊，不只談話內容很難理解，對方也可能會「懶得仔細聽你說」。反過來說，從簡單的閒聊，到企畫、解說、簡報等，只要加上主旨和焦點，就能讓對方秒懂你在說什麼。

若要在日常生活的談話中加入主旨和焦點，該怎麼做？這裡以展示全新「高性能吹風機」特色的情境為例，「主旨」會是：

> **我來告訴各位，高性能吹風機好用的功能**

這裡的主旨很簡單，但什麼包裝都沒有，只是平淡無奇的把商品特色列舉出來，就會變成說明產品資訊而已，我不覺得會有人認真傾聽，所以要再為主旨加上「焦點」。我會這樣下手：

> 丸之內的粉領族 A 小姐，第一次使用這台吹風機。
> 讓我們來看一下，A 小姐第一天使用時，所經歷的感動時刻。

這個吹風機的主要使用者是三十歲輕熟女，介紹的內容就縮小到她們會有共鳴的機能和效果。像這樣加上「XX 吹風機初體驗！貼身直擊 A 小姐驚豔和感動的一天」的標題，再標上時間作為索引，編排成簡單易懂的結構。A 小姐是個虛構人物，作為目標消費者使用的「視角」切入，只需用文字表達出感動、感情，就能簡單的傳達訴求重點。

創造「焦點」範例

XX 吹風機初體驗
全程貼身直擊 A 小姐驚豔和感動的一天

7:00
淋浴後吹頭髮

特徵 **1**

風力強卻靜悄悄

> 完全沒有聲音，太神奇了！

8:00
搭車上班途中，看到對面坐著的女生的頭髮

特徵 **2**

奈米水離子科技
保護每根頭髮的鱗片

> 欸，今天頭髮的滑順度，跟面前這個人完全不一樣。

9:00
晨會後，被同事追問

特徵 **3**

吹乾頭髮同時保濕
頭髮柔順度瞬間提升

> 不覺得你今天的頭髮超柔順的嗎？

加上焦點後，就能讓商品與使用情境變得立體，解說內容也更生動，對方一邊讀資料，一邊聽你講不會覺得無聊，比起跳針般的重覆介紹商品，你可以很容易的在對方腦海中描繪出這些畫面：女性會多麼喜歡這個產品、客戶對這項產品有什麼印象、這樣做就能在消費者間創造出話題！

活用「焦點」的重點在於，不只是讓對方腦中產生具體畫面，還要提示重點在哪裡。要說服對方買你的商品、爭取工作職缺等等溝通場合，發揮使用場景的力量，把商品的功能、功效以「不需思考就能想像」的方式傳達給對方。

只要選這個，我也能獲得一樣的好處！

當觀眾被好處吸引時，每提到一個優點，觀眾情緒就會愈興奮，層層堆疊出最強的「秒成交」，這就是人在可以想像結果時會做的決定。創造「焦點」的方法，不只有「想像具體的場景」單一種做法，當場景需要說明時，只要可以讓對方具體「想像優點」，也會是強大的武器。

替平凡無奇的話題，憑空創造焦點

我們身邊只有「主旨」，但找不出「焦點」的事情太多了，前面介紹的主旨和焦點，非常適合用在許多生活情境中，讓溝通成果再上一層樓。

舉例來說，每星期固定要跟主管報告的「周報」，蠻多時候要寫這周去拜訪的客戶姓名、簽約的件數等，「用書面報告本周發生的事」就是主旨，寫出來的報告，老實說無聊到爆，無論是寫的人還是讀的人，都不會對內容有任何期待。

在有「主旨」卻沒有創造出「焦點」的事情中，最具代表性就是「員工旅遊」和「尾牙」等例行活動。特別是員工旅行，不想去的員工通常不少，對活動承辦人而言是吃力不討好的苦差事。但是只要創造出焦點，給人的印象就會有 180 度翻轉。要如何替這樣平凡的活動創造出「焦點」呢？有一個超好用的方法：

配方⑦ 用排行榜創造吸引力

排行榜是讓平淡無奇的資訊變得有趣的表現方式。工作周報可以像這樣，加入「焦點」試試看：

> **本周客戶 QA 排行榜前三名**

用排行榜讓單調的報告出現立體感。想要最先說的事情排在第一名，就能強調最想溝通的事。

> 【員工旅行】
> **排名前五大美食餐廳吃透透！伊豆美食之旅**

如此一來，參加「員工旅行」就不會讓人感到逼不得已。而且對要去的店家保密的情形下，會更讓人期待。

> 【尾牙】
> 回顧今年！「那時，老闆喊的一句話」前十名發表會。

用類似的方式，向員工募集老闆在關鍵時刻說過的話，做成排行榜，到尾牙的最後都可以玩得很開心。

這個技巧也幫我解決很多困擾。我曾經參加過孩子學校的家長會，擔任公關宣傳，主要的工作是製作家長會發行的宣傳刊物。封面的文案、主題、企畫、採訪和撰稿都是我一手包辦。其中，「校長的話」這個專欄特別無趣，編輯時我反覆看手上現有的內容，若只是沒有重點和結論的談話，配上照片刊登出來，一定會很無聊，但又不能不登，於是我心生一計，用以下的方式創造出「焦點」：

突擊校長室！ 10 個校長的快問快答

我採訪家長會成員，一邊總結校長的發言，一邊分成十個項目，然後再依這些發言，發想出對應的問題，最後加上排名，這篇文章後來在別的學校也引起熱議。排行榜就是有引起人興趣的力量，人會為了「我想知道第一名是什麼！」的本能

而行動，而一直保持興趣聽到最後。

用排行榜介紹的手法，是電視節目的慣用技巧。例如，日本關東當地的長壽節目《出沒！逛街天國》（東京電視台），主要是在介紹東京都內和近郊的街區，每集節目以一條「街」為景點，用排行榜的形式介紹該街區的魅力所在。觀看節目時，隨著排行名次愈來愈前面，觀眾的情緒也愈來愈興奮，因為期待「下一個是什麼？」而不會轉台把節目看完。如果這個節目不是用排行榜的形式，只是平舖直敘的告訴觀眾資訊，看到一半就會失去看下去的動力了。

另外，我想再補充說明，即使排行榜是你主觀定義的也無妨，沒有標準的情況下，只要用你覺得有趣的角度，照著印象深淺排序就好。

既能反覆強調，又不引起反感

「這個，我之前就聽說過了喔！」
「之前就有人告訴我了，我已經知道了！」

好意提醒別人，卻得到這類回覆的情形，應該不少吧？基本上，人對於別人說的話不太會注意聽，所以想請對方做的事，就必須要反覆不斷強調才行。就像在做漆器時，一遍又一遍地上漆，才能讓漆器透出豔麗的光澤一樣；要不斷重複強調，才能把資訊深植在對方腦海中。

但是一件事情像跳針般重複講，

煩死人了！

這時對方就會關上耳朵不想聽，為了避免這種悲慘的狀況，我來介紹「情報塗層」的方法：

配方 ⑧ 同樣主題，用「多元觀點」切入介紹

《寒武紀宮殿》（カンブリア宮殿）和《大地的黎明》（ガイアの夜明げ）等節目（東京電視台），是介紹企業的財經節目，這類型節目會訪問拍攝辦公室、工廠和門市等，內容多以這間公司的特色、上班工作的情形、商品產品、提供服務的畫面，還有公司經營者、員工的訪問影像為主。除此之外，這些節目還有一個重要的元素，就是「顧客心聲」或「客戶回饋」的訪問。

「在關鍵時候派上用場」、「生活中不可欠缺的服務」、「這位員工不只重視顧客，連往來的廠商都一視同仁」等等，採訪不同立場的人，在節目中用不一樣的角度介紹這家公司。雖然眾說紛云，有各式各樣的訪問，說穿了最後的目的就是導出「這個企業太厲害了！」的結論。往來的廠商、客戶、員工、老闆，以自己的立場出發，講都是同一件事。因為情況、切入點各自不同，就完全不會有「剛剛聽過了」的感覺，觀眾會因為「喔！是這樣啊！原來如此，也有這麼不為人知的一面啊！」吸收愈來愈多的資訊。這樣的節目就在我們不知不覺時，不斷的重複灌輸一樣的資訊。

這個手法稱之為「多元觀點切入」，相同資訊用不同的角度切入，重複傳達的技巧。在日常生活中也派得上用場，例如在社群網站發文或與朋友聊天時，想推薦你喜歡的燒肉店時，不要從同一個觀點不斷介紹，試著從各式各樣的角度切入介紹吧。

1. 從老闆的魅力、理念切入介紹：
「這裡的老闆是肉的專家，有 10 年以上高級燒肉店的廚師資歷，為了以親民的價格讓消費者享用優質的肉品，決定獨立創業開店。」

2. 從口碑和部落格的評價推薦切入：
「肉入口即化」、「服務超貼心」等，集結引用網路上的好評來介紹。

3. 從美食雜誌或網路推文切入：

> 「這家店使用的肉，與赤坂某某名店來自同一個農場」、
> 「連肉的切法都極為講究」等，用專家客觀的立場介紹。

用不同的觀點宣傳店家的優點，就像是從不同的登山路線上山，雖然有三條登山路線，卻都是朝著同一個山頂為目標前進，不斷強調「這間店很厲害！」的資訊。因為三條路線都是不同立場的意見，不會讓人感到厭煩，反而會因為不同觀點，而給人「原來如此！」的感覺。

許多人判斷事物時，追求的是不同於自己的「客觀見解」。找工作面試時想要宣傳自己，找大學的指導教授、前輩、打工店家的店長等第三者來做推薦人。若是業務員，不要只有自己的觀點，還要善用使用者的心聲。想讓老婆同意掏錢買相機或車子，找朋友、同事來幫腔，灌輸買了真的很好用的想法，成功的機率就會高很多。只要用不同的角度切入，證明一件值得被肯定的事，就能讓訊息變得客觀，不會讓人感到不耐，反而能在不知不覺中，把想要講的事，刻在對方的腦袋中。

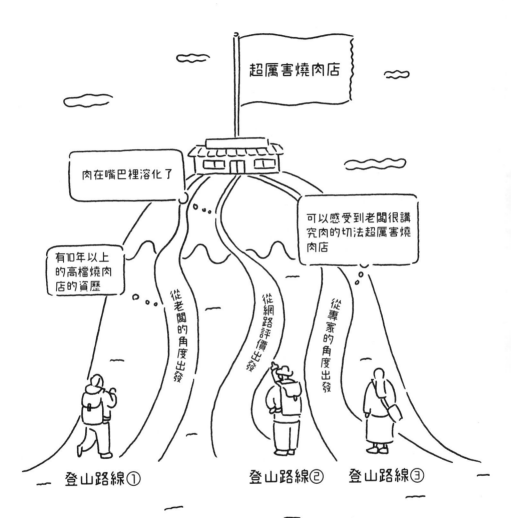

報告或社群媒體中，讓對方快速吸收資訊

歧阜縣各務原市

歧阜・各務原市

你覺得上方兩個地名，哪一個比較好讀？絕對是下方的「歧阜・各務原市」吧！這是電視字卡上使用的寫法，顯示資訊的字卡大概只出現 3 秒，而且還有其他的字卡、旁白、評論等眾多資訊同時出現，必須在剎那間就能理解要傳達的資訊。「欸！很難懂耶！」只要觀眾一出現這樣的想法，就不會注意你在講什麼了，所以節目字卡的設計，一定要把這點考慮進去。

前面有提到，有不少 YouTube 影片讓人看得很累，原因之一就是影片中的發言一字一句全部文字化的關係。這是考量在大眾運輸工具，如捷運、火車上開靜音收看的人，但這些文字卻完全無視對方閱讀的速度和心理，造成觀看的人頭昏腦脹，疲累不已。

人與人之間溝通的方式當然不是只有會話交談，特別像是
Line、推特等等，提供即時訊息對話的社群網站，在現代已
經是主要的溝通工具了，所以只要在文字上下一點工夫，就
會有天攘之別。貼文被無視跳過的情形，也會大幅減少。

在職場上做簡報和寫報告也是一樣。用文字傳遞資訊時，最
重要的就是「好讀」。若是日文，還需要注意「連續用平假
名的時機」和「連續用漢字的時機」。此時電視節目用的方
法是：

配方 ⑨ 用符號創造視覺「段落」

在什麼都沒有的狀態下，「段落」會跟前面的字接在一起，
讀起來有點吃力，但只是加上引號，就明顯變得好讀多了。
我們在閱讀時，並不是一個字一個字讀，是用塊狀的方式在
讀，所以像「總統」或「緊張」雖然是兩個字，卻是以一個
詞來理解字面上的意義，但如果文字的排列組合不常見時，
乍看之下就會造成混淆。尤其在看社群網站的訊息時，因為

一下就滑過去，看不懂的文字訊息就會直接被滑掉。避免這種情形的技巧就是創造視覺的「段落」，不只在節目中常用，有字數限制的網路新聞也常看到。

東證一度下跌超過 900 日圓

東證，一度下跌超過 900 日圓

（來源：「Yahoo News」2021 年 2 月 26 日）

哪句容易讀，一目了然。不只引號可以造成視覺上的「段落」，也可以使用逗號。節目字卡是用顏色、字體和大小變化，造成視覺上的「段落」，在社群網站和 e-mail 上運用這個技巧的人也非常多。日文中，若是連續出現平假名時，也可以適度的替換成漢字，只要好讀就行了。而且也能創造出視覺上的「段落」。

【有意識地加上驚嘆號】

年輕當紅搞笑藝人讓人笑翻的喜劇登場

年輕當紅搞笑藝人！讓人笑翻的喜劇登場

【不想分段落時，就畫底線】

給你視覺的段落

給你視覺的段落

【加上「‧」或空格，避免長串的字】

歧阜縣各務原市　中日龍隊總教練開幕戰先發「最高
機密」

歧阜‧各務原市　中日龍隊總教練　開幕戰先發「最
高機密」

（來源：「Yahoo News」（2021 年 2 月 26 日））

不只在電視中，各種不同形式的媒體都花了很多心思，努力避免資訊被忽視和略過。請秉持著讓對方以視覺秒懂的想法，在文字的資訊傳達時用段落創造出重點，就能達到同樣的功效。

第 4 章

找不到梗？讓缺點變優點的「反差法」

好東西是比較出來的

參加就業博覽會時，聽到旁邊學生的學校和經歷都比自己優秀，感到很洩氣「怎麼想，都不會錄用我，應該會錄取其他學生吧……」。

看著公司的新品，越研究越覺得比起競爭品牌，一點吸引力都沒有，卻又不得不賣，「真的是慘敗給其他公司，該怎麼推銷產品才行？」而感到不知所措。

跟朋友的老公一比，自己的老公真的遜爆。別人賺得比較多，而且每天早早回家，休假時還會帶孩子出去玩……，隨便一比都讓人覺得自己老公很沒用。

俗話說「外國的月亮比較圓」，更氣人的不只是看起來比較圓，而是別人的月亮真的圓，人比人氣死人的狀況還真不少。但其實對一般人來說，我們身邊持有的物品、擁有的能力大概都差不多。

當然，世界上還是有人生勝利組，是擁有被稱為「第一」的

東西或能力的人，推廣起來自然毫不費力。例如，業界業績第一只要用「銷售日本第一的 XX ！」的訴求，產品就會熱賣！成績在同年級名列前矛、學生時期參加的社團曾獲全國第一、甜點主廚獲世界大賽冠軍……等等，但是這樣的例子很少，老天只有眷顧少數人，我長期參與的節目製作現場也是一樣。

三十歲時，我擔任生活資訊節目《國王的早午餐》（TBS）的導播，每星期都會介紹很多的新商品、具話題性的服務，以及熱門旅遊景點。當時我還是菜鳥導播，為了這個節目研究各式各樣的溝通技巧，再加上經驗的累積，久而久之發展出一套遇到難題時的應變方法。

請你仔細想想，20 年來，生活情報節目、綜藝節目採訪非常多的店家，全部都是「業界第一」、「無可挑剔」的店家或商品嗎？當然沒有這回事。的確有極少數的店家給我完美無缺的印象，但很可惜多數店家不是。

儘管如此,在節目中不會出現「這家店不好」、「有點難形容,這個商品……」這樣的描述,就算不說「這是世界上最好的店」,也要讓觀眾留下深刻的印象,還不能有誇大不實的內容。電視節目介紹的商品都會熱賣,店家也會大排長龍。看起來不怎麼好吃的蔬菜,以「瘦身食材」介紹,隔天家庭主婦殺到超市搶購,全國賣場都秒殺完售。巷子裡的中華料理店,以前都只是一家「普通的店」,被介紹成「絕品!可以品嘗 XX 炒飯的店」,隔天就大排長龍,因為電視節目介紹大賺的老闆所在多有。追根究柢,是因為使用了「溝通配方」來展現店家的獨特賣點,這個手法就是:

利用「換句話說」和「反差」

相同的一件事,採用不同的切入角,會給對方完全不同的印象。也就是說,若想讓對方的印象朝「好的方向」發展,取決於你如何選擇溝通的重點。這一章就要教各位如何用「換句話說」和「反差」,讓同一件事情印象轉變的技術。

用兩個字就能引起注意力

所謂「換句話說」是指改變描述的角度、觀點，以更強而有力的方式將訊息傳達給對方。勝敗之分在於溝通者對於這個模式了解的多寡，以下就是任何人都可以輕鬆上手的包裝方式：

配方⑩ 用「密技」包裝

跟字面上看到的一樣，「密技」是電玩遊戲時從秘密入口進到加分關，任天堂馬利歐的命可以無限增加……等等，正常玩不會發現，攻略指南上也不會寫的「祕密技巧」。然而節目中使用的「密技」與電玩中所謂的密技不太一樣：

【電視節目中常見到的「密技」使用範例】
完美剝除蛋殼的「密技」
保持肌膚美麗的「密技」

這些表現方法在生活中很常看到，但請不要認為這只是「老套又差勁的表達方式」，當導播自信滿滿的用「密技」當節目標題，觀眾會有「不知道為什麼就是感覺很厲害，不是嗎？」的期待感，不知不覺就被吸引了。

「密技＝雖然大家都不知道，但用了就會很厲害！」我們腦袋裡已經被灌輸這樣的認知，雖然節目內容只是有點特別的「完美剝蛋殼的方法」和「保持肌膚美麗的保養法」而已，但大腦會自行判斷「這個有看的價值」。

用「密技」來採取非正面的陳述，只要這麼做，就能為平凡資訊加分，也增添介紹的理由。節目介紹的資訊，不能沒有價值，不會出現「莫名其妙的介紹」。因此無論介紹什麼，一定要有理由，以「密技」為標題，就不是「告知訊息而已」，而是打造出「傳遞超值資訊」的形式。

一般在談話溝通時，若對方認為「這個人講的話超沒有料」，就不會仔細聽你在講什麼。而最近線上會議或線上討論的機

會增加。尤其是很多人沒有打開攝影機，一起開線上會議的狀況下，很難確定與會者是否認真的在聽你說話。此時「密技」這樣的字眼就能助你一臂之力，讓對方被你的話題吸引。例如在線上會議上，想要強調自己最近的成果時，若你說「這個星期，我簽下了兩份合約」，被他人忽視的可能性很高。但是若你這樣說：

「我用了一點密技，這個星期簽下了兩份合約。」

就可以勾起與會者的興趣。重點是，你想講的是簽下了兩份合約的事，所以「密技」的內容沒有什麼了不起也沒有關係，卻已經引起與會者注目。

其他場合也一樣，如果想在簡報中放一點「誘餌」讓觀眾留下印象的話，只要能從自家產品中的特色中強調一個功能，以「有密技」的角度介紹，馬上就能凸顯出與競品的不同。如果你為了部落格與社群網站的貼文缺乏梗而苦惱的話，試著用稍微不一樣的做法來介紹：「讓泡麵好吃十倍的密技大公開！」。

不需要提出什麼創新的手法，如果連正規的方法都沒有，只要找出一點點「不同」的地方就好！重點在於要創造能「引起」對方注意的點，在溝通時運用表演力，讓人覺得「這不是一般的資訊」，就能讓對方專心聽下去。

改變切入角，幫平凡事物創造吸引力

「不知如何自我推薦」是求職中的應屆畢業生常見的煩惱。

「是有參加社團啦，但也不是社長，在社團裡也沒有什麼實績可言。學業成績也是不上不下，說穿了，就是『沒有存在感』。硬要說的話，沒有人討厭我，跟大家也都談得來……。」

這樣的人不在少數，但是直白的寫在履歷表上的話，沒辦法創造出跟競爭對手之間的差別。雖然如此，但總不能放上自己沒做過的不實經歷吧？這時候就輪到製作人登場了，乍看之下是缺點的元素，從不同的角度來看也能變成「優點」表現出來。

配方 ⑪ 換個說法，缺點變優點！

如同字面上的意思，換個說法就能把缺點說成是優點。要用什麼樣的說法來轉換呢？不起眼的大學生，用接下來這個說法如何：

無名英雄。

不起眼、也不會讓人討厭的存在，不會給任何人添麻煩。經營社團時，總是會有人意見不同，或是社員彼此相處不來等種種問題，不會牽扯在這些事情中，可視為社團順利運作的一大助力。

我的強項是可以讓團體的氣氛和諧融洽。大學時，身為網球社的成員，雖然不是領導者，但十分用心與許多社員交流分享。社團內意見分歧對立時，藉由聆聽社員的意見，事先防範可預見的衝突。我無庸置疑的貫徹「無名英雄」的這個角色。

如此一來，乍看之下認為的缺點，轉換後就成為可以拿來說嘴的「優點」。

這個技巧在生活資訊節目中也很常用。舉例來說，節目選中一間商店街的「小吃店」，出外景的時候才發現，可以介紹的內容比預期中的少，老實說什麼長處都沒有，看到的只有缺點……，這時該如何介紹呢？舉幾個例子說明：

【例一】

這間店業績不佳，所以租不起大店面。

簡單來說「店內狹小」。

→「雖然是小店，但像在自己家裡一樣呢！」

【例二】

沒有請廚師，是老太太在廚房裡張羅。

簡單來說「沒有資金的小店」。

→「媽媽的味道！」

【例三】

沒有廣告宣傳，連吸引人的招牌都沒辦法做。

簡單來說就是「不起眼的店」。

→「隱藏版店家！」

【例四】

沒有客人。所以一片死寂。

簡單來說「不受歡迎的店」。

→「店內幽靜！」

每一個案例都是很常看到的台詞，導播會利用這樣的套路，在不誇飾的前提之下傳播正面資訊。

針對同樣一個對象，會有人覺得這個對象「不錯」， 也會有人覺得「這個人就是討厭」而感到不舒服，喜歡和討厭的判斷標準只有一個，就是「形容這個人的話多是負面」和「形容的話多是正面」的差別而已。這裡所說的「負面」、

「正面」指的是他人或自己在描述事物時，講的會是壞處還是好處的傾向。溝通都是雙向的，會有對象存在。對方是有感情的，你說的事情一旦讓他感到不愉快，好感的大門就關上了，馬上就會認為現在的話題「好無聊」、「沒有聽下去的價值」，結果就是你的話不會讓對方留下任何的印象。

不要讓對方感到不愉快＝「壞話」不要說

這是我在日常生活中溝通的鐵律，讓對方感到不愉快會引起致命結果。除了說壞話外，過於客氣謙虛，總是說「像我這樣……」貶低自己的人很多，也必須注意。

需要批判和評論的報導性節目除外，生活資訊節目或綜藝節目都非常注意這點。例如，採訪的店家若沒有可以直接稱讚的優點，也要抱著必死的決心找出來，以這樣思考方式作為行動的基礎，溝通就可以順利進行。

這個表達方式，與其說是法則，不如說是人和人交流的最高心法更適合。請試試看用這個方法，在自己的周圍儘可能地散布「溫暖」的氣氛吧。

即使優點只有一個，也能放大吸引力

前面介紹了換個說法，把缺點轉成優點的技巧，在這裡我要教的是比它還要更有吸引力的表現法。

配方 ⑫ 只有一個「超推」的理由

「超推」這個詞常在生活資訊等節目中出現，是介紹新產品、店家或遊樂設施等時的標準用語。這個常常聽到的詞，背後有著不為人知的意圖與巨大的影響力，因為這個商品或店家「只有一個優點」。雖然不是所有的導播都是因為這個原因才使用「超推」，但我自己用這個方法多次躲過危機，為了店家的名聲才使用「超推」作為吸引觀眾的手段。做法說穿了，也是改變看事情的角度而已。

「只有一個」優點，換個說法就能成為「最大的優點」。

只有一個優點的話，就把它變成「第一」。只有一個人參加的馬拉松，這個人毫無疑問的會是第一名，這個手法在需要「說話不傷人」的場合也能派上用場。

例如，朋友拜託你「介紹男性朋友」時，身邊只有一位朋友
單身，但是這位朋友說實在並不帥，長相普通、沒有錢、打
扮也不時髦，到現在也只跟一位女性交往過，就是個沒有桃
花的普通男性。這時，用「只跟一位女性交往過」作為重點，
置換成優勢，就可以這樣介紹：

> **超推的重點在，總而言之就是老實。**

因為不搶手所以不會花心，關於「老實」這一點可沒有誇大
不實。這樣的話，既能表現這個男性友人的魅力，又不會傷
到任何人。

覺得「這個，不怎麼樣」的事物，把缺點轉換成優點時，可
以用「超推的原因」來強調。用起來很簡單，從店裡的商品
說明或簡報介紹，到宣傳自己等，可以運用的場合非常廣泛。

轉不下去時，用基本功能突破瓶頸

本章一直到這裡都是傳授「改變說法」的技巧，但不是所有的事情都可以轉得過去，也有不能用「密技」、「把缺點說成優點」或是「超推的重點」等技巧處理的場合。遇到這種情形也不用氣餒，接下來告訴各位在做美食報導，或是生活資訊節目旁白時，解決這種危機使用的技巧。

配方 ⑬ 使用「理所當然」的特色

沒有什麼值得拿出來說嘴的場合，不要焦急，找到「理所當然」的地方，然後稱讚它就可以了。例如，美食節目上介紹美食的時候，端出來的料理沒有特色。雖然是用牛肉燉煮的料理，但味道超普通。這時候該如何形容，才能不造假又表現出料理的吸引力呢？答案是：回歸「理所當然」。用牛肉煮的料理，當然是牛肉的味道啊，那就將這個特點說出來：

可以嘗到肉本身美味的「絕品牛肉料理」

觀眾看到這句話，就會覺得料理很好吃。但仔細想想，這不是理所當然嗎？如果是以黃豆為原料做出來的素肉，可以吃到肉的味道就厲害了；但以牛肉為材料，吃起來當然就是肉本來的味道，就算是特價買的牛肉，吃起來也還是肉的味道。但是這個「理所當然」可是意外的好用，在廣告和雜誌上也很常見。

敢於回歸理所當然，自信滿滿的出招。

若能把理所當然的事拿來作為「超推的重點」，一口氣強調出魅力的話，效果就更好了。這個方法配合 IG 上傳照片時使用，就能簡單的寫出漂亮的一句話。

介紹功能比較少的家電產品，卻又得在簡報上跟對手比較時：
→ 回歸「基本功能」。

要宣傳沒有什麼設計感，也不特別寬敞的住宅時：

→ 追求「居住舒適」最高境界。

仔細想想，家電產品的基本功能非常重要，而建商在室內動線和空間配置上下功夫，追求住的舒適更是理所當然的事，競爭對手的公司也是在相同的地方努力吧。但是，這樣自信滿滿地強調「理所當然」的特色，就能在傳達資訊時創造出與眾不同的吸引力。

產品難以介紹，就改說故事吧

這個技巧，則是推薦使用在沒什麼特殊優點的產品上。

「老實說，這個產品沒有什麼賣點，但又不能不賣。」、「很多店都買得到的普通商品」、「不想降價也想要賣出去的庫存品」，每個人都有這樣的經驗，在「不能不賣」的壓力下硬是要想盡辦法促銷，這種感覺真的很差。不能不說的商品，不能不賣的物品，要嘛很不起眼，要嘛就是到處都看得到。無論如何還是找不出它的吸引力，這個時候就不要執著在「物品」身上了。那要怎麼做才好呢？答案是：

配方 ⑭ 人的故事，比物品更令人印象深刻

這是在不得不描繪事物魅力的節目製作現場，經常使用的手法。我用過去製作節目時的場景來說明：

生活資訊節目的特別企畫單元「春天新生活 職場小物特輯」中，介紹新推出的名片夾。老實說，商品本身只是個再普通不過的名片夾了。硬要說材質是真皮，因特殊縫製方法所以

相當耐用，價格合理大概 2,000 多日圓（台幣約 500 元）。這個定價不上不下，說不上超便宜、設計也沒有什麼特別之處，跟其他的名片夾比起來，實在很難做出商品區隔。一定要介紹這個商品的話，你會怎麼做？

若我是這個節目的導播，我不會從這個名片夾的設計和功能下手，而是會架構出不同角度的故事 。例如，把切入角度從商品的本身，換到製作者。把開發出這個名片夾的鈴木先生當成主角，看能不能描繪出感人的故事，讓觀眾願意從頭到尾看完節目。舉例來說：

負責開發的鈴木先生，在準備父親喪禮時，要選幾樣父親生前愛用的物品，放入棺木中。他選了父親使用 20 多年的名片夾。但是在封棺前一刻，他改變了想法「我想把父親不離身的東西留在手邊」。於是從棺木中取出，當成父親的遺物，留做紀念。

那個晚上，看著桌上的名片夾，鈴木先生不禁想「用 20 幾年，真的很厲害。而且使用之後，還可以當成紀念品延續主人的精神。我也想做出這樣的東西」。不只是個商品，而是做出可以長久傳承下去，充滿回憶的物品。

鈴木先生抱持著這樣的理念，不斷調整縫製的方法，做出耐用的名片夾。定價也很合理，就是儘可能想要讓更多人可以有像自己一樣的回憶。

這樣的編排，完全沒有提到商品，卻能在瞬間提升名片夾的吸引力。故事裡沒有提到名片夾這個產品本身，反而可以給人這個名片夾與眾不同的形象。這個技巧的重點在於「透過聆聽」建構出「基於事實，而非虛構的故事」。

寫一個改變觀點的故事，很適合運用在簡報與商品介紹當中，運用時要注意以下兩點：

1. 以研發者、創作者等為「主角」：
故事要有主角，要以主角個人的角度為出發點。像是宣傳
商品時，不是放眼在整個企業，而是以這個企畫案的中心
人物為主角，編寫故事的內容，才能打動聽眾的心。

為了讓人感到親近，比起「於是，A 公司開始行動」公司
全體的行為，以「商品開發部的佐藤開始行動」這種某一
個員工的想法來架構故事，更能留下深刻的印象。

2. 以「想法」為中心架構故事：
若故事無法引起對方的共鳴，就沒有意義。你可能聽起來
覺得難度很高，但只要掌握重點，每個人都能輕易做到，
就是以「想法」為重點。賣東西的時候，確實的傳達出主
角心中的理念、動機，才能打動顧客的心，轉化為購買。

「群眾募資」就很擅長這個作法，還不存在的商品、服務
或是企畫，要引起人對「想要讓世界更好」、「想讓更多
人可以用到好用的商品」等想法產生共鳴，群眾募資網站

上發表很多故事，可以試著參考看看。

用說故事來溝通，乍看之下很難，熟悉以後會發現出乎意料的簡單。不只電視節目和群眾募資，網路上也有很多值得參考的故事，看多了就會知道該如何架構適合自己產品的故事。

用反差打動人心

常聽人說「要讓故事有影響力，反差非常重要」。外表看起來很兇惡，其實心地很善良。休假見面時穿得很邋遢，但隔天上班裝筆挺，英姿煥發。這些狀況被稱為「反差萌」。

即使是電視節目也常會用反差打動觀眾的心。以前問過好幾位公司的導播「最有效果的橋段是什麼？」，得到最多的答案是：「還是反差吧？」。這裡舉一個在電視節目現場的案例，來說明反差的神奇力量：

配方 ⑮「甜」

你知道「甜」這個字，在節目中有多大的破壞力嗎？本來不甜的東西，用「甜」來形容就會產生反差，可以幫食物大大加分。我曾經與《國王的早午餐》（TBS）節目的記者，到全日本許多旅館或熱門的餐廳採訪。在這類型的節目中，要做出吸引人的「美食報導」，採訪記者的本事最關鍵，不同的記者表現力差別也很大。雖然許多記者會有導播都沒想到的傑出表現，完美傳達食物的美味；但也會遇上剛

接手這個工作的記者，報導時表達不出來。

但是，無論是什麼樣的記者來採訪，一定要想辦法傳達出料理的美味和吸引力才行。此時我會跟菜鳥記者這麼說：

不知道怎麼形容時，不管三七二十一，說「甜」就是了！

例如，吃肉的時候……
愈嚼愈覺得「甜味」源源不絕地湧出來！

吃生魚片時……
吃下去的瞬間，「甜味」在嘴裡散開！

吃生菜的時候也……
明明是蔬菜，竟然有「甜味」，好厲害！

你應該也看過這樣的美食報導吧。不過，冷靜思考一下，水果也就算了，像肉這類食物，會跑出甜味來嗎？什麼是甜的魚？我從來不覺得生菜很甜。你可能也有一樣的想法。

但不可思議的是，這招非常有用！只是用「甜」形容，超市特賣的肉或生魚片，就能給人是珍稀美味的印象，以「甜」來形容不甜的東西，忽然就能給人高級且美味的印象。這就是「反差」的效果。而且，愈「不甜」的東西，效果就愈大。除了餐飲業很適合運用這個技巧外，在部落格或是社群網站上發表食記也能派得上用場。

效果出眾的味覺形容詞

上述以「甜」這個形容詞為例，說明「反差」的效果。接著介紹一些跟「甜」有一樣效果的形容詞吧：

【濃】

料理可以區分出食材與調味的味道。用「濃」這個字形容「食材的味道」，會產生很好的效果。一說「食材的味道濃郁」，不覺得就有種「這是好東西」的感覺嗎？因為每個人對味道的感覺不一樣，沒有標準可言，所以講出來的人就占上風。

> 這個沙拉，蔬菜本身的味道非常濃郁。
>
> 第一次嘗到這種味道！

【超香！】

香氣也是，有香料的香味，食材也有自己本身的香氣。要形

容使用辛香料調味的料理時，不是去形容辛香料的味道，反而應該聚焦在食材的香氣，才能表現出反差。

雖然有加辛香料，但雞肉的香甜更勝一籌，超香！

仔細聽旅遊節目、美食報導的旁白，會意外發現裡面埋了不少反差的手法。

「A 的深處有 B（例如：苦味之中吃得到甜味）」
「A 之後 B 會出現（例如：很有嚼勁，但之後是濕潤的口感）」

冷靜想想會不太懂這是什麼意思，但很多是順勢突破的表現手法，電視圈稱之為「旁敲側擊」。請試著找出不同的切入角度，將這個技巧運用在生活中吧。

主動提供對照組，創造對比

決定去哪裡玩、買哪一樣商品、會議中表決選項……，這些時候，人會下意識的一邊在腦子裡想著「選 A 還是 B 呢？」、「這個比較好嗎？」一邊做決定。這就是：

比較

像是買家電用品時，很多人都會從不同角度比較各個品牌的產品才下手。拿自己小孩跟鄰居的小孩比。與 IG 上看來過著多彩多姿生活的朋友相比，自己的生活真是平淡無味，心情也跟著低落起來，我想這樣的人應該不少。

人經常像這樣一邊比來比去，一邊思考。這個時候心裡一定會有一把「尺」，也就是比較的對象。如果沒有這樣的對象，就比不起來了。電視上出現的超大咖哩飯也是一樣，旁邊如果沒有放一個普通分量咖哩飯的話，觀眾無法有實際的感受。實際上，只要能好好活用這一把「尺」，營造出來的反差，比用文字形容的效果強很多。

配方⑯ 「比較尺」，凸顯反差的最佳工具

人會自己無意識的在心中拿出一把「尺」，在很多場合，這
把尺是跟目標物很接近的東西。在比較家電產品時，腦裡會
浮現的是同樣的價格，功能差不多，差距不大的商品。但是
在這裡，不要去想對方心裡的比較對象是什麼，應該是從我
們先出招，把「尺」先拿出來，就能產生反差的效果。

拿出短的「尺」，就能凸顯出長的感覺。

在判斷事情時，由我們先設立好「標準」，在對方面前拿出來，就能操控對方對事物的印象。這個技巧的效果有多出眾，我有切身經驗。

當時我想要買房子，決定要買屋齡低的中古屋，房仲雖然反覆帶我看了幾間符合條件的房子，但我就是難以下手。有一天，房仲帶我去看距離很近的兩間房子，面積大小、屋齡都差不多，價格也一樣。

第一間屋主還住在裡面，看房時，一個表情陰沈的男子來迎接，和室放著好像是他太太的牌位，青春期兒子的房間很臭，牆上還有個洞。我當時的印象是「啊！原來房子長這樣」。帶看的房仲也說「這個地方，這樣屋齡的房子，以這個價格，屋況大概都是這樣。」，我也不明就裡地接受了他的說法。

於是我們去看第二間價格相同的房子。一進到屋內我的眼睛就亮了，屋主已經搬出去，室內很寬敞。而且，客廳旁邊房間的牆壁打掉了，變成超過 10 坪、鋪著木頭地板的客餐廳

空間。「這樣的大小放可以放沙發、大尺寸的電視……」，我腦海裡瞬間充滿無限想像，馬上決定簽約。

後來，我問了房仲「先看的那一間房子，你沒有認真要賣吧？」，他老實承認「是啦！那裡就是怎樣都賣不掉」。我買的那間房子，當時看起來閃閃發亮，現在想起來不過就是一間普通的房子而已，讓我感動的寬敞客廳，擺上家具後就變普通的客廳了。

這位房仲考慮了我設定的條件，找出差距最大的房子。然後為了賣自己真正要賣的物件，巧妙地設定了「尺」，漂亮地製造出「反差」，順利地讓客戶立刻簽約下訂。

先拿出短的「尺」來，讓對方放下原來的標準，能讓其實很平凡普通的事物看起來更好。特別是在「同樣的類別」和「儘可能的相似的條件」下，造成高下立見的反差，效果更是驚人。

加上連接詞，擴大反差效果

拜託老公做的事，被他拋到九霄雲外。

教下屬的事，他卻忘得一乾二淨。

每個人應該都曾有這種讓人煩躁不已的經驗。「人啊，只講一次的事，馬上就會忘了。」雖然如此，但為了讓人不要忘記，一而再再而三的講，也是會讓對方覺得很累，感覺不耐煩。結果就如我先前提到的，想要講的事，反而很難讓對方聽進去。

前面曾介紹為了讓人留下印象，反覆強調訊息的技巧；在這裡我要教各位的是，使用「反差」一舉讓對方留下印象的方法。

配方 ⑰ 用「轉折」讓文字更有力

「轉折」指的是「可是」、「然而」或「但是」等連接詞。巧妙運用這些連接詞，句子就會跟著「反差」顯現出高低起伏或是音調重點，可以把想要傳達的訊息，強而有力的

表達出來。方法很簡單，

在想要強調且肯定的字詞前面，放轉折連接詞。

就是這樣而已。這個手法電視節目很常用，你看過轉折連接詞霸占整個電視螢幕，突然從你面前飛過的畫面嗎？

會用這種手法，很明顯就是導播想要強調「可是」之後出現的字詞。舉個例子，有篇文章想傳達一位引人注目的年輕經理人，沒有轉折的話會是這樣：

「被認為對工作的想法很天真的『寬鬆世代』中，有一位嚴以律己，工作拚命的年輕經理人。」

接著試試在這段文字中加上轉折連接詞：

「『寬鬆世代』多被認為對工作的想法很天真；
可是！
在這之中，有一位嚴以律己，工作拚命的年輕經理人。」

使用的字詞大致相同，但放入轉折連接詞，年輕經理人不是就被凸顯出來了嗎？形象更為鮮明，資訊也經過整理，進入聽者的腦中。重點在於，想要強調的事前面，放入正好相反的字句，形成轉折的說法。前後的文字反差愈大，效果也會愈好。

佐藤先生做事很仔細，一直都很有貢獻。

但是，

如果能更有時間觀念的話，就能更能幫得上忙了。

→就是在強調「你做事拖拖拉拉」。

我們公司最大的優勢就是傳統。

可是！

這次新的服務，是打破傳統的創新。

→更加強調「全新的服務」。

前後安排完全相反的字詞，讓差距和反差擴大，轉折就是必
殺技。從最想傳達的事，找出與其正好相反的事，就能組織
出最有效的表現方式。

第 **5** 章

幫內容「加油添醋」，說服力倍增

不要小看一句話的重要性！

本章想討論的主題是：為了讓說話強而有力，要十分講究「一句話」的鋪陳！只是說對一句話，溝通的成果就變好了；相反的，講了多餘的一句話，就讓整個發言戲劇性地弱掉了。我們平時說話卻很少注意到這樣一句話的重要性。

在製作節目的時候，導播會為了這樣的「一句話」費盡心血，旁白或是畫面上字卡少了關鍵的一句話，或放了多餘的一句話，都可能引起觀眾轉台的危機，而這樣的技法不只在節目製作上，在日常生活中也能派上用場，只是在談話或是文章中「加一點料」就有截然不同的效果，任何人都可以運用，非常方便。

讓文字強而有力的終極用詞

一開始要告訴大家的是，不是「一句話」，而是只要兩個字，就能馬上讓語言活起來的「終極用詞」。

配方 ⑱ 用「現在」表現臨場感

這就是本書一開始所提到的情況，只是刻意加入一個詞，溝通的方式就會產生變化，我們來複習一下吧。

主管交代你明天要完成的簡報資料，但是你在忙其他的事，有點忙不過來，才正在想「不能不做」的時候，主管就 email 來了。mail 的內容當然是「那個簡報資料，明天要交，沒有問題吧？」這個時候，你若回覆「處理中，請放心」，主管會怎麼想呢？是處理到哪裡了？真的可以放心嗎？感覺還是不能安心吧？說不定還會打電話來確認，還要花時間應付，為了避免這種事情發生，你可以回覆：

現在，正在處理中，請放心。

在回信中加上「現在」，就能簡單地創造出「正在做的感覺」。
主管會認為你努力趕工而感到安心。我再舉一個例子，請比
較人力銀行的廣告文案，前後有什麼差別：

【Before】
我們為招募推動企業的人才而努力。

【After】
現在，我們為招募推動「當前」企業的人才而努力。

為了讓差別更明顯，後面的文案在兩個不同的地方，都加上
「現在」的相似詞，是不是就有進行式的感覺？因為過去已
無法改變，無論是「推動企業」還是「推動當前企業」，要
被推動的都是現在的公司。冷靜想想，加不加「現在」、「當
前」等字詞，這個公司的營業項目不會改變。即使如此，只

要刻意加上「現在」，就能創造臨場感與動感，「現在」就是這樣一個方便好用的詞。

電視節目的旁白也很常用，只是加上這兩個字就能輕鬆帶出「變成話題的感覺」。這是因為對節目來說，一定得播出最新的情報，資訊愈新收視率愈好，「現在」這個詞無形中在告訴觀眾：「接下來的節目內容都是你不知道的最新訊息喔」。

「現在，因為 XX，必須要聽這段故事。」

正因為可以簡單地凸顯細微的差異，很適合用於簡報以及業務推廣，在跟對方溝通時，強調己方訴求時非常有用。請用「現在」體驗改變溝通方式可以產生的效果。

在眾多競爭產品中，突圍而出的演出法

無論什麼情況，頭銜都很重要。聽到「頭銜」這兩個字，腦中就會浮現的既定印象，大概是「執行長」、「經理」等可以表示工作職位的詞彙。談話時夾雜這些詞，溝通的效果也會跟著改變。當談論到公司政策好像有變化時，「董事長這麼說」、「經理今天早上好像聽到了」說出具體頭銜時，內容的可信度及說服力就提高了。只是我想介紹的「頭銜」，不是公司裡的職位。

配方 ⑲ 用「頭銜」鍍金

溝通表達時，推薦這是「好棒的東西」、「很傑出的人」，打造「很厲害的公司」等，只要鍍個金，即使什麼都沒做，也能讓對方感受到魅力。電視節目也不例外，借助鍍金的力量才能放大魅力傳達出去。使用的方法很簡單，在要說的事情之前加上以下這些形容：

XXX 第一名

三大 XXX 之一

追蹤者 X 萬人

你要做的就是用頭銜、地位表現出自己的「強大」之處，就能為你想要說的事鍍金，吸引聽眾當下的關注度。以下舉幾個例子：

上半年銷售第一！
人氣化妝品牌超簡單皮膚保養法大公開

日本三大夜景之一
XX 觀景台冰棒熱賣！吸引排隊人潮

追蹤人數 20 萬人！
本網站與網紅美食部落客限時聯名合作

底線的部分就是頭銜，如果把第三個例句的頭銜拿掉，變成：「本網站與網紅美食部落客限時聯名合作！」你就會覺得吸引力不見了吧？有沒有頭銜，會左右聽眾的反應。如果有可以加的頭銜，請不要遲疑，一開始就大膽的加上去吧！

讀到這裡，應該會有不少人覺得「實在是很難找到頭銜加上去」吧？這個世界上，可以冠上厲害頭銜的優秀事物並不多；平凡普通的事物反而是壓倒性得多不勝數。即便在此情況下，也有很多好用的「頭銜」，例如：

配方 ⑳ 沒有頭銜，就用「最受矚目」突圍

「矚目」沒有任何衡量標準，但這種表現手法，不知為何就會給人「很厲害」的感覺，也能充分展現出「頭銜」所帶來的功能。在廣告中也很常看到這類手法，大膽使用這個曖昧的表現手法，就能帶來強烈的感覺突圍，在眾多同類產品中取得領先。這種「突圍表現法」，除了「最受矚目」外，還有很多字詞可以運用，以下舉幾個例子：

【運用既定印象，取得領先的表現法】

1. 緊急

　使用範例：「緊急通知！」、「緊急募集」

效果：通知、公告等，本來大多是急迫性高的事。但是刻意加上「緊急」，會讓詞句更強而有力。在 email 的主旨或社群網站貼文上使用，可以吸引閱讀者的注意力。

2. 超級

使用範例：「超級 XX 的體驗」、「超級美味！」

效果：形容伴隨服務或料理等需要「體驗」的事物時，是個很好用手法。經常會有的體驗，只要加上「超級」，就會提升期待感。在企業的公關宣傳或社群網站的貼文上可以有很好的效果。

3. 徹底

使用範例：「徹底討論！」、「徹底比較」、「徹底消臭」

效果：這是電視節目常用的表現手法，哪些事情可以點到為止；哪些事情則要追根究柢，沒有「標

準」，但用了類似的詞彙，就能表現出「使出洪荒之力」的價值。使用在企畫或商品的文案上，可以強化事物給人的印象。

4. 最強

使用範例：「最強辯護律師團隊」、「最強雞胸肉料理」、「最強清潔術」

效果：「最強」雖然是最高級的表現法，但其實是無所不在且非常好用的詞。「最強的 XX ！」當成慣用句使用，也可以成為一種突圍領先的表現手法，是一個即使沒有明顯的「強弱」之分，也能表達意思，很方便的詞彙。自己的頭銜、公司商品或在部落格上的文章等都可以派上用場，用途十分廣泛。

稍微加一點這種「突圍領先的表現法」，不僅可以讓話語更有力，而且任何人都可以立刻活用，請讓它成為你隨時可以運用的溝通技巧。

吸引對方傾聽的限定感

想要讓溝通的對象，湊上來傾聽你說話，特別是談生意或做簡報，在工作場合的溝通，能讓對方傾聽你說的內容，會左右整個商談的結果。有一個可以達成這個目標的神奇詞彙。

配方 ㉑ 「只有一個」讓人捨不得錯過

改變你人生的方法只有一個。
這個商品大熱賣，店裡只剩最後一個。

聽到表示限定的詞「只有XX」，人們就會忽然開始產生興趣，想繼續聽下去。就像是為了買限量甜點，在店門口大排長龍的顧客心理一樣。這個「只有一個」的句子，與第一章介紹的「提示」和「揭曉」併用，是最能發揮效果的方法。

提示和揭曉的技巧是馬上在「提示字詞」後，用「這就是！」、「那就是！」等詞，「揭曉」最想要傳達的訊息。要如何與「只有一個」合併使用呢？例如：

電視節目的編導手法，**70** 年來不斷更新，但只有一件事情至今沒有改變。
那就是，持續用「線上」的方法傳達資訊。

加上「只有」以後，更可以強調指向「揭曉」的「提示」。實際上，這句話是我的公司正在製作企畫案簡報時，播放宣傳動畫時使用的業務用語。簡報講到「只有一件事情」的時候，聽眾的姿勢馬上改變，所有人的身體同時湊上前，幅度大到讓我驚訝。我在寫這本書時，也到很多公司去簡報，效果竟然百發百中，每間公司的聽眾反應都一樣。講到「只有一個」的部分時，聲音稍微大一點，不疾不徐的表達，效果會更好。

此外，這個技巧可以用來「揭曉」高達三個訊息，但是提示「只有兩個」、「只有三個」的情形下，「揭曉」的訊息也要有兩

個、三個。在發表時在開頭要加上「第一個是……」、「第二個是……」，開個「門」當索引會比較好，門可以用來取代「提示字詞」。像是以下的做法：

解決敝公司問題的方法，只有兩個。
第一個是，透過數位化提高生產力。
第二個是，培養員工的自主性。

「揭曉」和「提示」，還有「門」，綜合使用本書一開始到現在教你的技巧，像這樣在說話時加上輕重緩急，就能在簡報時給對方留下深刻的印象。在實際簡報的場合，可以打動聽眾，讓他們百分之百會有反應的「只有一個」法則，請一定要試試看。

加料讓人感到這個話題有價值！

寫部落格的文章，或是在充滿肅殺氣氛的線上會議發言時，如果能把讀者或聽眾的心情調整到「我想好好的讀這篇文章！」、「這是很值得一聽的發言！」的狀態再開始切入正題，可以讓溝通成果發揮到最好。

拜託家人或朋友做一件有點難的事情時也是一樣，在進入主題前，可以說一些「暖場」的話，就能讓聽眾對話題感興趣。究竟要加上什麼話，才能引出聽眾的興趣呢？

配方 ㉒ 加一點「背景資訊」

這裡說的「背景」是簡單明確的表明「現在這種情況下，產生這樣嚴重的問題」，說明聽眾所處的狀況，襯托想要傳達的訊息。為了讓大家實際體會「背景」的重要性，我們來比較一下「有背景」和「無背景」的例句：

【無背景】
必看！一眼就能看出多餘開銷的記帳 App 大受歡迎。

> **【有背景】**
>
> 必看！減少外出收入跟著銳減，家用花費得精打細算，
> 一眼就能看出多餘開銷的記帳 App 大受歡迎。

後者應該會讓人比較有意願繼續閱讀吧？主要的文案都一樣，只是在第一行加入「背景」，就變成能明顯吸引閱聽者興趣的文章。這個手法電視節目也很常用，例如在節目上介紹保濕霜：

「皮膚感到乾燥的季節……」

搭配枯葉隨風飛起的畫面，旁白接著說：

「推薦你帶給肌膚滿滿水感的保濕霜！」

加上「肌膚感到乾燥的季節」這樣的背景資訊，就能順利傳達出保濕霜的必要性。這個技巧看多了，會給人「司空見慣」

的感覺，但節目與廣告在製作時，會很有針對性的選擇具有說服力的背景資料，從而讓想傳達的資訊受到觀眾矚目。加上背景資訊之所以效果顯著，就是因為創造出「聽眾應該認真傾聽」的理由。

即使是跟朋友隨便哈啦，話題的新鮮度（給對方的印象），有沒有用這招會有很大的不同。只要加一點背景，就可以加上一個「採用的理由」，創造出「聽你說話的必要性」，對方聆聽的姿勢一定會跟著改變。

哪些素材可以作為背景資訊？像是：腰痠背痛、運動不足等數萬人共同的煩惱，或是社會問題，以及情人節、耶誕節的活動等等，都很適合拿來使用。

另外，拜託別人的時候，也可以把自己現在身處的狀況當成背景來使用。例如，小孩吵著要買「任天堂 Switch」遊戲機時，即使訴求「大家都有，我也要買」，爸爸就會用「我們家跟別人不一樣！」告訴小孩再吵也沒有用。但如果孩子這樣說：

今天跟朋友一起玩的時候，全部的人都在玩 **Switch** 的網路通訊遊戲，我一個人好孤單……。
沒有 **Switch** 就不能跟朋友一起玩了。

像這樣把自己身處的狀況，當成「背景」說出來，即使用輕描淡寫的語氣，也能讓爸爸具體想像孩子的具體處境，而引起同理心。

加一點背景資訊，會給人「老生常談」的感受，對方可能會想「為什麼現在突然要講這個話題？」，但若是省略背景，開口時「想要告訴對方」的意圖太強烈，會下意識的只講重點，內容太直接結果反而聽不進去的案例，可是超乎想像的多。「加一點背景」的效果不只有一點，而是用了以後會產生顯著效果的利器。

將畫面植入對方腦中

前一節我告訴大家加上「背景」說明的重要性，在這裡則要介紹一個活用背景的方法，也就是在描繪背景的時候，能讓對方最快看到景色的路徑。話雖這樣說，但有時要把對方帶入情境是有難度的，如果不能一句話就把對方帶過來，你能用的方法還有這兩個：

1. 用影片讓對方看到這個景色。
2. 讓對方在腦海中產生畫面。

說明事物的時候，以影片輔助相當有效，不過製作影片不只花時間，請專業人士製作還得花錢。如果沒錢也沒時間，就選擇後者「讓對方在腦海中產生畫面」的做法吧。

讀小說的時候，我們腦袋裡會浮現書中故事的景色，為什麼會這樣？因為故事中有許多「具體的描述」。小說的風景、人物，或是瀰漫的氣氛等等，作者都會儘可能具體地描寫細節，讓讀者在看到文字時可以輕易的在腦海裡想像，根據這些文字描述，讀者會在腦海中建構出一個虛擬幻想的世界。在這裡，讀者會流下感動的眼淚，跟著情節生氣，感情被操

控，就跟作者預期的一樣。只是我們都一樣是普通人，沒有像作家這樣出神入化的寫作技巧，所以可以使用的是這一招：

配方 ㉓ 用「數據資料」具象化背景資訊

雖然很難像小說家一樣把文章情節具象地描述出來，但使用具體的數字，即使沒有寫作技巧，也可以讓對手具象化你所要傳達的背景資訊。販售預防中暑的商品時，需要提到「很多人中暑」的背景資訊。有沒有放統計數字，表達效果會有很明顯的差距，像以下這兩個例子：

【無統計數字】
地球暖化與綠地減少，導致夏天的氣溫愈來愈高，每年中暑患者都在增加。

【有統計數字】
因為中暑而就醫治療的人數，每年約有六萬人。

兩句話都一樣是中暑患者很多的「背景說明」。現在的溫度比以前高，中暑患者增加是眾所周知的事實，對日本人而言也是「理所當然」的既定常識，正因為是理所當然的事，才更應該拿出數據來改變認知，在對手的腦海中描繪出明確的背景輪廓，也就是點出問題。

我自己曾有一個因為數字而受惠的經驗。15年前，我在日本富士電視台負責生活資訊節目的紀錄片單元。有一次拍攝前的交涉過程讓我非常頭痛，該次節目的標題是「結不了婚的女人」。

若是現在的時空背景，這種標題不可能出現在電視上，但當時日本東京五大電視台都在黃金時段，播出類似標題的節目。採訪對象就跟字面上一樣是未婚的女性外，還要符合「三十到四十歲、想結婚、沒有在找對象、生活過得很充實」等條件，最後還必須徵得這些符合條件者同意，接受我們的貼身採訪。但誰會願意出現在這種標題的電視節目裡呢？該如何說服對方呢？我當時真的被這個任務嚇傻了，不知該如何是好。

從結果來看，拍攝前的溝通一次就 OK 了，這時候是統計數字拯救了我。現在三十歲以上未婚女性比比皆是不足為奇，但當時的社會正因為媒體報導「三十歲以上的單身女性人口占比創下新高！」的報導而引發議論，這是因為某個調查機構發表的「三十到四十歲未婚女性人數的變化」條狀圖，可明顯看出人數有逐年成長的趨勢，但許多人並沒有看過實際數字，只是對媒體聳動的說法有印象。

開始溝通交涉時，我把這份數據資料放在桌上，一邊用手指著這個統計圖表，一邊說服受訪者，對方一開始以為我要動之以情拜託她接受採訪，看見我拿出統計數字圖表讓她有點意外。接下來我從頭開始說明這份資料，仔細說明單身女性增加的嚴重性。

剛開始對方表情嚴肅，但慢慢的開始注意聽，很明顯的被調查數字的內容所吸引。「藉著節目的採訪報導，凸顯這個問題的重要性，代表相同處境的女性發聲」，對方開始產生像這樣的使命感。多虧這樣，拍攝過程一路平安的順利播出。

播出後我向受訪者致謝時，其中一位受訪者跟我說：「一開始，聽到採訪的邀請時，老實說我是想拒絕的。但是你拿出那個圖表說明時，讓我意識到問題的嚴重性，同時感到『這個人很認真嚴肅看待這個議題』。所以我才決定答應幫忙。」

在交涉判斷的現場，拿出具體的數字，讓對方實際感受到問題的嚴重性，更能打動對方內心，就能成功的把「NO」變成「YES」。巧妙運用數字的力量，整理成對方容易理解的資訊，更能確實將自己的想法傳達給對方。這樣一來，即使沒有高超的文字能力，也能在對方腦中植入具體的印象。

加深圖表效果的秘訣

我的公司曾為某家房仲業者製作招募新人的影片，業者表示要以「本公司招募新人的條件嚴格，抱著玩票性質姑且一試的學生不要輕易嘗試！」的方向宣傳，希望能成功招募到有決心認真從事房仲業的人才。

這個宣傳重點，要用公司老闆的發言和旁白拍成影片，還需要搭配圖表。圖表是一個金字塔圖，更要再次強調「本公司的新進員工，只有少數可以站上金字塔頂端」的宣傳主題。最後做成常在新聞節目中看到的右圖。

利用對方的視覺，直接表達訴求，已經成為現在主流的表達手法。像這樣把數據資料圖像化，是一種可讓所要傳達的資訊，留下更深印象的有效方法。

然而實際上將資訊轉為圖像時，存在著一個很大的陷阱。常常有人在 PowerPoint 的資料或報告中，使用像散布圖或雷達圖等複雜的圖表，應該是希望在圖表當中盡可能傳達資訊的全貌，但是放一個充滿細節的圖，實際上反而會讓資訊變得難以理解，更不用說會被記住了。右邊所使用的金字塔圖，

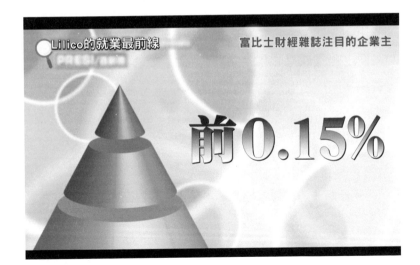

應該會讓很多人心想「這圖很普通嘛」，但這才是使用圖表的重點：

配方 ㉔ 圖表，越普通越好

這種金字塔圖不止在電視節目，連廣告上要傳遞某些資訊時也是司空見慣，不免讓你浮現「如果用這個，會被人認為老掉牙吧」的想法，一時之間猶豫起來。但是「司空見慣」才是使用圖表的最大重點。人是習慣性的動物，對於經常看到的畫面已經養成直覺，不需要動腦也能看懂，也就能快速吸收資訊。所以用圖表傳達資訊的時候，請不要想太多，多用前述的金字塔圖或是柱狀圖、曲線圖、圓餅圖這些「常見的老梗」吧。

容易理解的「常見老梗」，才是通往有效溝通的最短距離！

用了以後，超可惜的表達案例

前面我介紹了加一點就能讓表達更強而有力的字詞；但接下來我要告訴各位的是，用了以後馬上就會讓你的表達「弱掉」的詞。只要避免使用這個詞，就能簡單的架構出讓人印象深刻的表達內容。在告訴你是哪一個詞之前，我們先來看一下節目製作時常出現的場景：

導播：「喂！太田助導，之前拍的摩天輪，真的是日本最大的嗎？幫忙確認一下，馬上要！」

助導：「知道了，查到後會跟你聯絡。」

五小時後……

導播：「太田，那個摩天輪的事查得怎樣？」

助導：「不好意思，還在確認中，其實還有一個差不多大的摩天輪，資料上的高度和詢問的高度不一樣，所以還要一點時間。」

導播：「趕不上試播（剪接給節目高層主管的版本）
了，反正先試播帶裡先加上『等級』，但播出時我想
要拿掉『等級』這兩個字，你想辦法弄清楚。」

助導：「了解！」

現在你知道弱化表達力的詞是哪一個嗎？
對！就是「等級」這個詞。

配方 ㉕ 拿掉不必要的「等級」

廣告或宣傳資源上，你一定常看到這樣的形容：

「世界最大等級」

「國內最大等級」

「關東最大等級」

句子裡都加上「等級」，從前面的對話中你可以看出，這位導演討厭「等級」或是類似的詞彙，代表他是連小細節都要講究的成熟製作人，知道這兩個字會大大影響節目的呈現和觀眾的印象。

讀者在社群發文或業務洽談或簡報等，也經常會使用「國內最大等級」、「世界最大等級」來形容事物，但這樣的用詞不僅非常多餘，還有可能造成負面的效果。「國內最大」和「國內最大等級」是不一樣的，因為

獨一無二的存在，和有其他類似的東西是不同的。

我認為聽到「等級」這個詞，會完全翻轉你對事物印象。我有一個兒子和女兒，因為兒子非常喜歡泡溫泉，所以全家會一起去溫泉會館，我們常常造訪一間橫濱的溫泉會館。這間溫泉會館有各式各樣不同的泡湯池之外，餐飲設施也一應俱全，規模很大，看板上也自信滿滿，寫上大大的「關東最大等級」的字樣。每次我看到這個看板，「這麼大的溫泉會館，

一定是關東最大的，只要查證一下把『等級』拿掉，文案的效果絕對比現在更好」這樣殘念的感覺就會油然而生。泡湯池的數目、坪數等，只要找出任何一個符合「關東 NO.1」的特色，即可聚焦在「關東最大」。

不必全部都「第一」

想要讓自己成為「第一」，只要把眾多特色化整為零，專注調查其中一項，你會發現找到「第一」的可能性出乎意料的高。總而言之，這個做法的重點在找到一個特色，針對這個特色下工夫，徹底研究才是最重要的。

讓等級站在你這邊的妙招

因為認為「求證的過程很麻煩」的廣告商,就用「等級」唬攏過去的實際案例屢見不鮮。如同前面提到的溫泉會館的例子一樣,加上「等級」的文案用詞,恐怕有不少是出於怕麻煩的心態吧。

雖然提到用「等級」這個詞會有不良效果,但用得巧妙的話,它反而能站在你這邊,變成讓你受益良多的用詞。在傳單或是網路廣告中想要強調「大小」的情況下,如果大小真的是日本第一,可以標榜「國內最大」,但求證時又冒出了更大的東西,自家商品豈不變成國內第二了?這時不要放棄,加上「最大等級」就可以了,即使不是第一也沒關係。

加上「等級」的話,就算不是最大,也能表現出最大的感覺。

配方 26 加上「等級」,反而加分

最大級＝最大等級

日本第二大的大佛

日本最大的大佛

日本第三大的大佛

能不能放進去啊……

在此重新整理「等級」這個詞的效果：

使用等級會「扣分」：能幫自家產品找到符合「第一名」的特色，不管多不起眼都可以。此時不要使用「等級」，請驕傲地說出自己是 NO.1。

使用等級會「加分」：不管怎麼看，自家產品都是第二、第三名，而且跟第一名之間有明顯的差距。此時請把「最大等級」寫上去，拉近跟第一名的距離。

大小、長短、輕重或多寡等，能夠以量取勝的宣傳機會很多。想要強化表達的成果，一定要記得使用「等級」的原則。

你下意識也在用！造成語言 軟弱無力的習慣

讓講話氣勢瞬間弱掉的一句話，除了「等級」外，還有其他的詞，而且我們很常在不知不覺中講出這些字詞，可能在不經意的情況下，造成了很大的損失。究竟是哪些用詞？

在宣布答案前，必須先解釋日本人的性格。從古時候開始，日本人就習慣以曖昧的語尾和禮儀，構成獨特的溝通模式。這背後的原因主要是顧慮到不要傷害別人，還有重視謙遜的文化所形成的結果。

因為上述的理由，日本人不擅長「有話直說」這種清楚明白的溝通方式，然而這就是讓溝通變弱的原因之一。反過來說，如果能製造出「有話直說」的感覺，就能跟其他講話曖昧不明的人產生區隔。所以在溝通時，

用字遣詞要「直接」

一定有人會問：「怎樣叫直接？」
沒有贅詞，表達簡單明瞭，直達核心。
你會在日常的對話或寫文章時，用以下這些表達方式嗎？

所謂 <u>XX</u> 的事

經過<u>那些</u> XX

我覺得<u>那些</u> XX 比較好

畫線的部分都是不需要的贅詞。請回顧自己以前寫的文案、e-mail 或是社群網站的貼文，恐怕下意識的用過不少吧。這都是會讓語言鈍化，表現力減弱，完全不需要的贅詞！這些字詞當然也有派上用場的時候，但是很多時候刪掉根本不會影響內容，我再舉個例子：

> **1.** 本書要講的是，解決線上會議<u>那些</u>溝通弱點的表現手法。
>
> **2.** 本書要講的是，解決線上會議溝通弱點的表現手法。

各位覺得這兩句帶給你的印象如何？兩句話只差在有沒有用「那些」，第一句給人的感覺就是有點囉嗦。把畫線的字拿掉，會有明顯的不同。

1. 解決那些溝通弱點。

2. 解決溝通弱點。

比起第一句，第二句直接表達什麼是要被解決的事情。我們平常說話時，也會使用很多像「所謂」、「那個」等不必要的字詞。一般的日常對話很少被錄下來，但如果能讓你看到沒有剪接過的談話片段，這些贅字會多到讓人嚇一跳。導播會把訪談中這樣的贅字剪掉，讓對話變得直接，這也是寫旁白時非常重要的技巧。

配方 ㉗ 徹底刪除贅詞

節目中的旁白必須在有限的範圍內，達到最大的傳達效果，因此很多的導播會反覆嘗試，盡可能的刪除贅字來呈現「直接感」。

我在當《閒聊 007》（日本電視台）的導播時，也用過這樣的方法。節目找到藝人 SHELLY 剛爆紅時的「尷尬 VTR」，

當時的企畫旁白是我負責，以下是當時的旁白稿：

「那時，SHELLY 採取的行動，引起那個觀眾誤會的情形……。請看事情的始末。」

檢查播出帶的時候，導播前輩看了以後點出問題：「有贅字，感覺輕飄飄的，沒什麼力道」。於是我接受前輩的建議，修改成以下的內容：

「那時，SHELLY 採取的行動，引起觀眾的誤會！請看事情的始末。」

修改以後不僅變得簡短，表達增加了「直接感」，讓要陳述的內容能留下更深刻的印象。為了讓讀者更容易了解，我把贅詞畫線標出來。

【Before】

那時，SHELLY 採取的行動，引起那個觀眾誤會的情形……。請看事情的始末。

【After】

那時，SHELLY 採取的行動，引起觀眾的誤會！請看事情的始末。

如同前面提到的，在有限的範圍內，可以用最短的距離傳達內容，就是好的影片。日常生活的溝通情境也是一樣。想要以簡短有力的貼文吸引人按「讚」，想寫讓人印象深刻的履歷表，一定要在有時間限制的會議裡拍板定案，為了達成這些溝通目標，必須盡可能刪除不必要的贅詞，展現「直接感」。這也與前面曾提到的「不要讓對方傷腦筋」的原則有所連結。

電視節目的旁白，多半為了減少不必要的贅字而反覆修改，可說是「直接感」表達的範本，看電視時可以仔細聽聽看，從中學習最簡潔直接的表達方式。

結 語

非常感謝各位讀者看到最後。

我成立公司後，不只製作電視節目，也開啟了製作企業品牌宣傳影片的新事業，在經營新事業時才意識到這本書中所介紹的技巧。當時是人生第一次開始「推廣」業務，決定以「做出運用電視節目製作技巧的影片」為武器，與多數的影片製作公司區隔。我徹底分析「電視節目的製作技巧的厲害之處到底在哪裡」，將這些技巧系統化，形成我推展業務時的話術。經過不斷的反覆推敲，我終於整理出本書所介紹的溝通法則。

後來因為業務的簡報大同小異，漸漸的不需要花這麼多時間準備，我才又重新意識到以下這件事：製作節目的「子彈溝通配方」不只可以用來製作企業介紹影片，撰寫業務簡報、洽談、說服對方的場合、網路社群、部落格、報告書等相關的文章等，每天生活面對的情境，都可以派得上用場，根本是萬能的溝通技巧。

本書的內容，對電視節目的導播而言是得心應手的「日常」技巧。我在書中一開始就告訴大家，這些技巧可說已經是「電視節目製作範本」，理所當然的從前輩傳給後輩，只是在本書裡有一個重點：正因為是「日常」，所以不須具備才能和敏銳的判斷力，任何人都可以簡單上手，這才是最重要的事。

我的師父是紀錄片大師東正紀先生，跟他學習時，他常常說一句話：「電視不是靠才能，是靠計算！」

為了藉著易懂好看的節目傳遞資訊或感情，許多導播努力學習電視節目的製作範本，透過計算與編排打造節目的骨架，最後到現場拍攝、剪接成為節目的血肉。這一連串的過程，都不需要才能，把前人努力想出來的配方化為己有妥善運用，就能掌握溝通的訣竅。

雖然在書中已經說過，但我還是要強調「知道」和「執行」是完全不一樣的，不是把書中的溝通配方當成知識就結束了，

請大家把它運用在日常生活中。如此一來，每天的溝通一定會出現很棒的變化。

希望各位讀者的人生，能因為這本書而得到一些正面的發展，我想，應該沒有能比這件事更能令我開心了。

子彈溝通

平凡語言變武器，超級製作人的 27 則精準吸睛法

ありふれた言葉が武器になる 伝え方の法則

作者	本橋 亞土
譯者	楊正敏
主編	周國渝
書籍設計	Bianco Tsai
內頁設計	阿言
排版協力	黃郁惠

行銷企劃	洪于茹
出版者	寫樂文化有限公司
創辦人	韓嵩齡、詹仁雄
發行人兼總編輯	韓嵩齡
發行業務	蕭星貞
發行地址	106 台北市大安區光復南路 202 號 10 樓之 5
電話	(02) 6617-5759
傳真	(02) 2772-2651
讀者服務信箱	soulerbook@gmail.com
總經銷	時報文化出版企業股份有限公司
公司地址	台北市和平西路三段 240 號 5 樓
電話	(02) 2306-6600

國家圖書館出版品
預行編目（CIP）資料

子彈溝通 / 本橋亞土著；楊正敏譯 . --
第一版 . -- 臺北市：寫樂文化有限公司，
2022.10 面；　公分 . -- (我的檔案夾；
62)
譯自：ありふれた言葉が武器になる伝
え方の法則
ISBN 978-986-06727-8-7(平裝)

1.CST: 溝通技巧 2.CST: 說話藝術 3.CST:
人際傳播

192.32　　111014094

第一版第一刷 2022 年 10 月 4 日
ISBN　978-986-06727-8-7